Der Betriebsrat im Gemeinschaftsbetrieb nach § 1 Abs. 2 BetrVG

Einleitung

Die Bildung eines gemeinsamen Betriebs mehrerer Unternehmen (Gemeinschaftsbetrieb) gewinnt als Gestaltungselement verschiedener Unternehmen und Konzerne zunehmend an Bedeutung. Durch die Zusammenführung mehrerer Betriebe können Synergieeffekte gehoben, Haftungsfragen aufgespalten und Kosten gespart werden. Häufig sind sich die Betriebsräte einzelner Betriebe nicht nur über den gesellschaftsrechtlichen Zusammenhang im Unklaren. So werden häufig keine Gemeinschaftsbetriebe kollektivrechtlich gebildet, sondern die Betriebsräte bleiben fälschlicherweise innerhalb ihrer vermeintlichen gesellschaftsrechtlichen Schranken.

Besteht bereits ein Gemeinschaftsbetrieb, stellt sich für den Betriebsrat eine Vielzahl von Fragen in Bezug auf die Ausgestaltung der Mitbestimmungsrechte, der Fortgeltung von bereits abgeschlossenen Betriebsvereinbarungen oder der Mitwirkung in Gesamt- und Konzernbetriebsräten oder den Wirtschaftsausschüssen.

Der Beitrag soll mit dem nötigen Praxisbezug zeigen, worauf Betriebsräte in Gemeinschaftsbetrieben besonders achten müssen und welche rechtlichen Unterschiede in der Mitbestimmung im Gemeinschaftstrieb bestehen.

Es versteht sich von selbst, dass die Nutzung von männlichen oder weiblichen Anredeformen ausschließlich der besseren Lesbarkeit des Textes dient.

Die Autorinnen

Susanne Schaperdot

Partnerin der Kanzlei LNS PartG Rechtsanwälte und Fachanwälte für Arbeitsrecht, Massenbergstraße 15–17 in Bochum und dort verantwortlich für die Beratung von Betriebs-, Gesamt- und Konzernbetriebsräten in allen Fragen der betrieblichen, unternehmerischen und gesellschaftsrechtlichen Veränderungsprozesse und als Sachverständige für den EBR. Die Kanzlei ist ausschließlich auf Seiten der Interessensvertretungen und Betriebsräte tätig und ist mehrfach im Bereich Arbeitsrecht als „besonders empfohlene Kanzlei" in Deutschland ausgezeichnet. Susanne Schaperdot setzt erfolgreich als Rechtsanwältin und Fachanwältin für Arbeitsrecht die Interessen ihrer Mandanten in Verhandlungen, Betriebsvereinbarungen, Interessenausgleichen und Sozialplänen durch. Sie ist deutschlandweit tätig. Darüber hinaus ist sie seit über 20 Jahren freie Dozentin für das kollektive Arbeitsrecht für verschiedene Akademien und Institute sowie Fachautorin.
Kontakt: susanne.schaperdot@anwaelte-LNS.de oder 0234–913 880 oder 0163–795048

Leonie Potthoff

Richterin in der Arbeitsgerichtsbarkeit und Fachautorin für das kollektive und individuelle Arbeitsrecht.

Inhaltsübersicht

Der Inhalt der 1. Auflage entspricht dem Inhalt der Online-Edition 25/2021

www.betriebsrat-premium.beck.de
www.vahlen.de

ISBN 978 3 8006 6690 4

Wilhelmstraße 9, 80801 München
Druck und Bindung: Himmer GmbH
Steinerne Furt 95, 86167 Augsburg

Redaktion: Claudia Schöberl, M. A., Verlag Franz Vahlen GmbH, München

Satz: Druckerei C.H.Beck, Nördlingen

Umschlaggestaltung: Martina Busch, Grafikdesign, Homburg Saar

vahlen.de/nachhaltig

Gedruckt auf säurefreiem, alterungsbeständigem Papier
(hergestellt aus chlorfrei gebleichtem Zellstoff)

I. Der gemeinsame Betrieb mehrerer Unternehmen

Nach § 1 Abs. 1 S. 2 BetrVG können mehrere rechtlich selbständige Unternehmen einen gemeinsamen Betrieb im betriebsverfassungsrechtlichen Sinne bilden. Doch, was heißt das eigentlich? Eine Legaldefinition für den gemeinsamen Betrieb mehrerer Unternehmen fehlt im BetrVG. § 1 Abs. 1 S. 2 BetrVG stellt lediglich klar, dass in gemeinsamen Betrieben mehrerer Unternehmen ebenfalls ein Betriebsrat gewählt werden kann. Weil eine genaue gesetzliche Regelung fehlt, hat das Bundesarbeitsgericht den Begriff und die Voraussetzungen des gemeinsamen Betriebs mehrerer Unternehmen umfangreich definiert. Wesentliches Kriterium für die Annahme eines gemeinsamen Betriebs mehrerer Unternehmen ist das Vorliegen einer einheitlichen Leitung. Der Gesetzgeber hat erkannt, dass dieser Nachweis in der Praxis teilweise sehr schwer zu erbringen ist, weil den Betriebsräten in der Regel die dafür erforderlichen Informationen fehlen. Daher stellt § 1 Abs. 2 BetrVG Vermutungssätze auf, nach denen das Vorliegen eines gemeinsamen Betriebs mehrerer Unternehmen (Gemeinschaftsbetrieb) vermutet wird.

1. Was ist ein gemeinsamer Betrieb mehrerer Unternehmen?

Ein gemeinsamer Betrieb mehrerer Unternehmen ist nichts anderes als eine besondere Ausprägung des Betriebsbegriffs iSd § 1 Abs. 1 S. 1 BetrVG. Anders als bei einem Betrieb iSd § 1 Abs. 1 S. 1 BetrVG sind bei einem gemeinsamen Betrieb mehrerer Unternehmen (§ 1 Abs. 1 S. 2 BetrVG) die jeweiligen sachlichen und persönlichen Betriebsmittel nicht einem, sondern unterschiedlichen Unternehmen rechtlich zugeordnet, werden aber gemeinsam genutzt.

2. Wie wird der gemeinsame Betrieb mehrerer Unternehmen auch genannt?

Der gemeinsame Betrieb mehrerer Unternehmen wird umgangssprachlich auch „Gemeinschaftsbetrieb“ oder „gemeinsamer Betrieb“ genannt. Zur einfacheren Lesbarkeit der Arbeitshilfe wird in dem vorliegenden Beitrag stets von dem „Gemeinschaftsbetrieb“ gesprochen.

3. Warum gibt es die Möglichkeit, im Gemeinschaftsbetrieb einen einheitlichen Betriebsrat zu bilden?

Nur mit einem einheitlichen Betriebsrat können die Mitbestimmungsrechte in einem Gemeinschaftsbetrieb sinnvoll wahrgenommen werden. Oft sind die Arbeitnehmer nicht nur durch die Entscheidungen des eigenen Arbeitgebers betroffen, sondern auch von den Entscheidungen des (oder der) weiteren am Gemeinschaftsbetrieb beteiligten Unternehmen. Der Betriebsrat muss daher die Möglichkeit haben, alle Beschäftigten ohne Rücksicht auf die arbeitsvertraglichen Bindungen zu den unterschiedlichen Arbeitgebern effektiv zu vertreten.

Praxistipp

Der Begriff des „Unternehmens“ ist gleichzusetzen mit dem des „Arbeitgebers“, mit dem der Arbeitnehmer seinen Arbeitsvertrag geschlossen hat. Die am Gemeinschaftsbetrieb beteiligten Unternehmen werden auch „Trägerunternehmen“ genannt.

4. In welchen Branchen lassen sich typischerweise Gemeinschaftsbetriebe finden?

Den Gemeinschaftsbetrieb findet man in jeder Branche, gehäuft jedoch in folgenden:

- Druck- und Verlagsgewerbe

- Arbeitsgemeinschaften im Baugewerbe
- Pflege- und Krankengewerbe
- Automobilproduktion
- Telekommunikationsbranche
- Dienstleistungsgewerbe

5. Wann liegt ein Gemeinschaftsbetrieb iSd § 1 Abs. 1 S. 2 BetrVG vor?

Nach ständiger Rechtsprechung des Bundesarbeitsgerichts liegt ein Gemeinschaftsbetrieb vor, wenn

a) zwei Unternehmen
b) die in einer gemeinsamen Betriebsstätte vorhandenen materiellen und immateriellen Betriebsmittel für einen oder mehrere einheitliche arbeitstechnische Zwecke zusammenfassen, ordnen, gezielt einsetzen und
c) der Einsatz der menschlichen Arbeitskraft von einem einheitlichen Leitungsapparat gesteuert wird.

(BAG 22.10.2003 – 7 ABR 18/03; BAG 22.6.2005 – 7 ABR 57/04)

Praxistipp

Kurzgesagt setzt das Vorliegen eines Gemeinschaftsbetriebs das Bestehen einer Betriebseinheit und einer gemeinsamen Leitung voraus. Ein erstes sicheres Indiz liegt dafür vor, wenn eine räumliche Nähe besteht. Wenn also die Trägerunternehmen gemeinsame Räumlichkeiten oder Grundstücke nutzen und derselbe Geschäftsführer in allen Trägerunternehmen bestellt ist.

6. Was ist eine gemeinsame Betriebsstätte?

Eine gemeinsame Betriebsstätte zeichnet sich durch eine räumliche Verbundenheit aus. Die gemeinsame Unterbringung ist ein Indiz für das Vorliegen eines Gemeinschaftsbetriebs.

7. Wann liegt ein gemeinsamer Einsatz von Arbeitnehmern vor?

Ein gemeinsamer Einsatz von Arbeitnehmern ist anzunehmen, wenn der für die Erbringung der Arbeitsleistung maßgebliche Rahmen (Arbeitszeit, betriebliche Ordnung) einheitlich ist. Das ist insbesondere dann gegeben, wenn auf Grund gesellschaftsrechtlicher Verflechtung dieselben Personen eine Vorgesetztenstellung einnehmen. Charakteristisch ist ein arbeitgeberübergreifender Personaleinsatz.

8. Wann liegt eine gemeinsame Nutzung der Betriebsmittel vor?

Eine gemeinsame Nutzung der Betriebsmittel liegt zB vor, bei einer gemeinsamen räumlichen Unterbringung, einer personellen, organisatorischen und technischen Verknüpfung der Arbeitsabläufe, einer gemeinsamen Einsatz- und Urlaubsplanung bzw. Überwachung der Arbeitseinsätze, einer gemeinsamen Lohnbuchhaltung, einer gemeinsamen Kantine oder einer gemeinsamen Druckerei. Die eigentumsrechtlichen Verhältnisse an den Betriebsmitteln sind hingegen ohne Bedeutung.

Praxistipp

Betriebsmittel sind die sog. Produktionsfaktoren, die langfristig zum Einsatz kommen und für den Herstellungsprozess erforderlich sind. Materielle Betriebsmittel sind zB Grundstücke, Gebäude, Maschinen und maschinelle Anlagen, Fuhrpark, Betriebs- und Geschäftsausstattungen oder Werkzeuge. Immaterielle Betriebsmittel sind zB betriebliche Konzessionen, Patente, Lizenzen, Schutzrechte und Firmenwerte sowie Knowhow und Wissen.

9. Wann liegt ein einheitlicher Leitungsapparat vor?

Das BAG verlangt einen einheitlichen Leitungsapparat, der in der Lage ist, die Gesamtheit der für die Erreichung der arbeitstechnischen Zwecke eingesetzten personellen, technischen und immateriellen Mittel zu lenken (BAG 13.2.2013 – 7 ABR 36/11). Idealerweise ist ein und derselbe Geschäftsführerer für alle Trägerunternehmen bestellt. Ansonsten muss zwischen den Trägerunternehmen eine sog. Führungsvereinbarung bestehen, die sich auf wesentliche Funktionen eines Arbeitgebers in sozialen und personellen Angelegenheiten erstreckt.

10. Was ist die sog. Führungsvereinbarung?

Die einheitliche Organisation und Leitung des Gemeinschaftsbetriebs setzt nach der Rechtsprechung eine Führungsvereinbarung voraus. Diese kann ausdrücklich oder konkludent abgeschlossen sein. Die Existenz einer Führungsvereinbarung kann sich auch aus den tatsächlichen Umständen ergeben (BAG 18.1.1990 – 2 AZR 355/89).

Beispiel

Von einer konkludenten Führungsvereinbarung kann ausgegangen werden, wenn die Arbeitgeberfunktionen im sozialen und personellen Bereich im Wesentlichen tatsächlich einheitlich ausgeübt werden.

11. Wann liegt typischerweise eine einheitliche Leitung vor?

Nach der Rechtsprechung können folgende Kriterien für das Vorliegen einer einheitlichen Leitung herangezogen werden:

- Personenidentität in den Unternehmensorganen (wie Geschäftsführer oder Vorstandsvorsitzende)
- Gemeinsame Personalabteilung oder Finanz- und Controlling-Abteilung
- Gemeinsame Nutzung von Betriebsmitteln oder Betriebsräumen
- Personelle, technische und organisatorische Verknüpfung der Arbeitsabläufe
- Arbeitgeberübergreifender Personaleinsatz, zB arbeitsteiliges Handeln, Arbeitnehmeraustausch
- Gemeinsame Wahrnehmung von Ausbildungsaufgaben
- Zusammengehörigkeitsgefühl der Belegschaft

Praxistipp

Ist derselbe Geschäftsführer für beide Trägerunternehmen benannt, liegt immer ein einheitlicher Leitungsapperat vor. Das gleiche gilt, wenn für beide Trägerunternehmen jeweils mehrere Geschäftsführer benannt sind und mindestens einer der benannten Geschäftsführer in den jeweiligen Trägerunternehmen identisch ist.

12. Genügt eine bloße unternehmerische Zusammenarbeit für die Annahme einer einheitlichen Leitung?

Nein, das reicht nicht. Vielmehr müssen die Funktionen des Arbeitgebers in den sozialen und personellen Angelegenheiten des Betriebsverfassungsgesetzes institutionell einheitlich für die Trägerunternehmen wahrgenommen werden. Für die Frage, ob der Kern der Arbeitgeberfunktionen in sozialen und personellen Angelegenheiten von derselben institutionalisierten Leitung ausgeübt wird, ist vor allem entscheidend, ob ein arbeitgeberübergreifender Personaleinsatz praktiziert wird, der charakteristisch für den normalen Betriebsablauf ist (BAG 13.2.2013 – 7 ABR 36/11).

Praxistipp

Entscheidend ist vor allem, ob tatsächlich ein arbeitgeberübergreifender Personaleinsatz praktiziert wird, während eine gemeinsame räumliche Unterbringung als Indiz nicht genügt.

13. Wann liegt kein einheitlicher Leitungsapparat vor?

Kein einheitlicher Leitungsapparat und damit kein Gemeinschaftsbetrieb liegt vor, wenn

- die beteiligten Unternehmen **allein** auf der Grundlage von Organ- und Beherrschungsverträgen unternehmerisch zusammenarbeiten, ohne auch die Arbeitgeberfunktionen im sozialen und personellen Bereich auszuüben,
- die Arbeitsprozesse fremdgesteuert werden oder
- nur ein Unternehmen leitungsberechtigt ist.

14. Reicht die einheitliche Leitung ohne den gemeinsamen Einsatz von Betriebsmitteln aus?

Nein, die einheitliche Leitung reicht für die Annahme eines Gemeinschaftsbetriebs nicht aus, wenn ansonsten die Betriebsmittel nicht gemeinsam eingesetzt werden. Auch wenn dieselbe Person zwei Betriebe leitet, werden diese allein dadurch nicht zu einem Gemeinschaftsbetrieb.

Praxistipp

Nach einer Entscheidung des LAG Hamm (14.10.2011 – 10 TaBV 29/11) reichte die Häufung von markanten Gemeinsamkeiten zwischen zwei Unternehmen nicht aus, um einen Gemeinschaftsbetrieb festzustellen. In diesem Fall bestanden ein gemeinsamer Auftritt gegenüber Kunden in Form eines einheitlichen Markennamens, eine gemeinsame Internetpräsenz, die Nutzung einer gemeinsamen Kundenkarte, die Belieferung durch dieselbe Spedition aus demselben Lager und die gemeinsame räumliche Unterbringung der Unternehmenszentralen der Arbeitgeber. Es gab aber keine unternehmensübergreifende einheitliche Leitungsstruktur. Denn es bestanden unterschiedliche Geschäftsführer und unterschiedliche Bezirksleitungen, die sich nicht mit denen des anderen Unternehmens deckten.

15. Wie erfolgt die Zusammenarbeit der Trägerunternehmen untereinander?

Die Zusammenarbeit der an einem Gemeinschaftsbetrieb beteiligten Arbeitgeber wird regelmäßig durch Gesellschaftsverträge geregelt. Die wechselseitigen Leistungen werden in konzerninternen Verträgen geregelt.

Praxistipp

Der Wirtschaftsausschuss muss die Konzern- und Unternehmensstruktur genauestens kennen. Er sollte sich daher umfassend bei den verschiedenen Trägerunternehmen informieren und seinen Informationsanspruch aus §§ 80 Abs. 2, 106, 109 BetrVG durchsetzen.

16. Kann ein Gemeinschaftsbetrieb auch nur vorübergehend vorliegen?

Die Frage, welche Dauer ein Gemeinschaftsbetrieb haben muss oder ob er auch vorübergehender Natur sein kann, ist nicht abschließend geklärt. Auch nicht die Auswirkungen auf die Errichtung eines Betriebsrats, der Mandatsverhältnisse, das Vorliegen einer möglichen Betriebsänderung und die Wirkungen der Beendigung einer solchen Zusammenarbeit. Ein Betriebszweck muss nicht auf Dauer angelegt sein, auch ein nur vorübergehender Betriebszweck kann in Betracht kommen. So bildeten sich im Zuge der COVID-19-Pandemie spontan Personalpartnerschaften zwischen unterschiedlichen, unabhängigen Unternehmen, um die Versorgung von Patienten und Personal oder um die Versorgung der Bevölkerung mit Lebensmitteln sicherzustellen.

17. Gibt es eine gesetzliche Vermutung für den Gemeinschaftsbetrieb?

Ja, das Gesetz stellt in § 1 Abs. 2 BetrVG zwei Vermutungstatbestände auf. Danach wird ein Gemeinschaftsbetrieb vermutet, wenn

a) zur Verfolgung arbeitstechnischer Zwecke die Betriebsmittel sowie die Arbeitnehmer von den Unternehmen gemeinsam eingesetzt werden oder
b) die Spaltung eines Unternehmens zur Folge hat, dass von einem Betrieb ein oder mehrere Betriebsteile einem an der Spaltung beteiligten anderen Unternehmen zugeordnet werden, ohne dass sich dabei die Organisation des betroffenen Betriebs wesentlich ändert.

18. Kommt es auch im Rahmen der Vermutungstatbestände auf die Voraussetzungen des § 1 Abs. 1 S. 2 BetrVG an?

Ja, das Vorliegen der Vermutungstatbestände lässt die Voraussetzungen des § 1 Abs. 1 S. 2 BetrVG nicht entfallen. Diese müssen vielmehr auch im Falle der Vermutungstatbestände vorliegen. Es wird lediglich auf den konkreten Nachweis der einheitlichen Leitung verzichtet.

19. Was bedeutet die Erfüllung des Vermutungstatbestands?

Liegt einer der sog. Vermutungstatbestände vor, kann der Betriebsrat grundsätzlich davon ausgehen, dass es sich um einen Gemeinschaftsbetrieb handelt. Die Vermutungstatbestände führen zu einer sog. gesetzlichen Fiktion, der den Nachweis der Führungsvereinbarung entbehrlich macht (→ *Frage 10: Was ist die sog. Führungsvereinbarung?*).

20. Kann ein Gemeinschaftsbetrieb auch bestehen, wenn keine Vermutungstatbestände vorliegen?

Ja, auch wenn die Vermutungstatbestände nicht eingreifen, kann dennoch ein Gemeinschaftsbetrieb bestehen, wenn sich mehrere Unternehmen – ausdrücklich oder konkludent – zur Führung eines gemeinsamen Betriebs zusammengeschlossen haben (→ *Frage 5: Wann liegt ein Gemeinschaftsbetrieb iSd § 1 Abs. 1 S. 2 BetrVG vor?*).

Praxistipp

Das Vorliegen des Vermutungstatbestandes des § 1 Abs. 2 Nr. 1 BetrVG führt nicht nur zu der Annahme eines Gemeinschaftsbetriebs, sondern gleichzeitig auch dazu, dass von einer Zusammenlegung iSd § 111 S. 3 Nr. 3 BetrVG auszugehen ist, also ein Interessenausgleich und ein Sozialplan verhandelt und abgeschlossen werden müssen.

21. Kann die Vermutung widerlegt werden?

Ja, hierzu müssen die beteiligten Unternehmen allerdings nachweisen, dass keine gemeinsame Leitung in personellen und sozialen Angelegenheiten besteht. Dabei ist es nicht ausreichend nachzuweisen, dass keine ausdrückliche Führungsvereinbarung zwischen den beteiligten Unternehmen besteht oder die Führungsvereinbarung zwischenzeitlich gekündigt worden ist.

22. Wann entsteht typischerweise ein Gemeinschaftsbetrieb?

Immer, wenn ein Unternehmen gespalten wird und diese Unternehmensspaltung nicht dazu führt, dass sich die Organisation des betroffenen Betriebs wesentlich ändert.

23. Wann bleibt die Organisation eines Betriebs unverändert?

Wenn nach der Unternehmensspaltung der bisherige arbeitstechnische Zweck des Betriebs weiter verfolgt und die einheitliche Leitung beibehalten wird. Das liegt typischerweise vor, wenn eine Spaltung allein aus steuer-, gesellschafts-, haftungs- oder wettbewerbsrechtlichen Gründen erfolgt.

24. Wer hat im Prozessfall die Beweispflicht für das Vorliegen eines Gemeinschaftsbetriebs?

Im Streitfall muss die Voraussetzungen für das Vorliegen eines Gemeinschaftsbetriebs derjenige beweisen, der sich auf das Bestehen beruft, wer also daraus einen Anspruch herleiten möchte.

Praxistipp

Das wird in der Regel der Betriebsrat oder im Falle eines Kündigungsschutzprozesses der be-

troffene Arbeitnehmer sein. Zur Vorbereitung eines vom Betriebsrat geführten Prozesses ist es daher zwingend erforderlich, dass der Wirtschaftsausschuss alle Informationen über die Konzern- und Unternehmensstruktur erhält und der Betriebsrat eine Liste zu den tatsächlichen Gegebenheiten im Betrieb und den Indizien für einen Gemeinschaftsbetrieb erstellt.

II. Die Errichtung des Betriebsrats im Gemeinschaftsbetrieb

Der Betriebsrat im Gemeinschaftsbetrieb steht vor einer Vielzahl von Herausforderungen. Neben den allgemeinen Grundlagen des BetrVG muss der Betriebsrat auch die Besonderheiten im Blick behalten, die sich aus der Gründung eines Gemeinschaftsbetriebs ergeben. Dieser Beitrag soll dem Betriebsrat insoweit einen Leitfaden an die Hand geben.

25. Wie kann ein Betriebsrat in einem Gemeinschaftsbetrieb errichtet werden?

Dafür müssen zwei Voraussetzungen vorliegen: Erstens bedarf es der Feststellung des Vorliegens eines Gemeinschaftsbetriebs und zweitens muss eine Betriebsratswahl in den räumlichen und personellen Grenzen dieses Gemeinschaftsbetriebs durchgeführt werden.

26. Wie wird die Errichtung des Gemeinschaftsbetriebsrats vollzogen?

Ein Betriebsrat in einem Gemeinschaftsbetrieb kann durch

- die Bildung eines Wahlvorstandes und anschließende Wahl iSd §§ 7 ff. BetrVG,
- eine gerichtliche Feststellung nach § 18 Abs. 2 BetrVG oder
- eine Betriebsvereinbarung iSd § 88 BetrVG

errichtet werden.

Praxistipp

Eine gerichtliche Feststellung sollte immer dann in Betracht gezogen werden, wenn der Arbeitgeber mit der Bildung eines Betriebsrats in einem Gemeinschaftsbetriebs nicht einverstanden ist. Rechtsgrundlage dafür ist § 18 Abs. 2 BetrVG.

→ Muster 1: Klagerubrum für die Feststellung eines Gemeinschaftsbetriebs nach § 18 Abs. 2 BetrVG

27. Welche Folgen hat ein Beschlussverfahren zur Feststellung eines Gemeinschaftsbetriebs nach § 18 Abs. 2 BetrVG?

Der Gesetzgeber hat mit § 18 Abs. 2 BetrVG die Möglichkeit geschaffen, rechtssicher festzustellen, ob es einen Gemeinschaftsbetrieb gibt. Ist es zwischen den Betriebsparteien zweifelhaft, ob ein Gemeinschaftsbetrieb vorliegt, so können der Arbeitgeber, jeder beteiligte Betriebsrat, jeder beteiligte Wahlvorstand oder eine im Betrieb vertretene Gewerkschaft eine Entscheidung des Arbeitsgerichts zu dieser Frage beantragen.

28. Kann ein solches gerichtliches Feststellungsverfahren immer nur anlässlich einer Betriebsratswahl eingeleitet werden?

Nein, zwar steht die Vorschrift über das gerichtliche Feststellungsverfahren zum Betriebsbegriff nach § 18 Abs. 2 BetrVG innerhalb der Vorschriften zur Betriebsratswahl, ein solches gerichtliches

Feststellungsverfahren kann aber unabhängig von einer Betriebsratswahl eingeleitet werden.

29. Wie wirkt sich eine Entscheidung des Gerichts auf den bestehenden Betriebsrat aus?

Stellt das Arbeitsgericht das Vorliegen eines Gemeinschaftsbetriebs erst nach Abschluss der Betriebsratswahl fest, wirkt sich dieses Urteil erst für die nächste Wahl aus. Trifft hingegen das Gericht seine Entscheidung während des laufenden Wahlverfahrens, muss die Wahl ggf. vom Wahlvorstand abgebrochen und eine neue Betriebsratswahl eingeleitet werden, die den Betriebsbegriff richtig anwendet.

30. Gibt es Besonderheiten für die Wahl eines Betriebsrats im Gemeinschaftsbetrieb?

Nein, die Wahl eines Betriebsrats im Gemeinschaftsbetrieb richtet sich nach den allgemeinen gesetzlichen Wahlgrundsätzen für die Betriebsratswahl. Nach § 1 BetrVG können in Betrieben mit in der Regel mindestens fünf ständigen wahlberechtigten Arbeitnehmern, von denen drei wählbar sind, Betriebsräte gewählt werden.

31. Hat der Wahlvorstand einen Ermessensspielraum, ob er einen Gemeinschaftsbetrieb annimmt oder nicht?

Nein, der Wahlvorstand muss bei Vorliegen der gesetzlichen Voraussetzungen eines Gemeinschaftsbetriebs die Betriebsratswahl entsprechend unternehmensübergreifend durchführen.

32. Muss der Schwellenwert des § 1 BetrVG im Gemeinschaftsbetrieb für jedes einzelne Unternehmen vorliegen?

Nein, für das Erreichen des Schwellenwertes von 5 Arbeitnehmern werden alle Arbeitnehmer aus dem Gemeinschaftsbetrieb zusammengefasst. Dies folgt aus dem Zweck der betrieblichen Mitbestimmung, nämlich der Sicherung der Arbeitnehmerrechte auf betrieblicher Ebene. Es kommt also auf die Anzahl der Arbeitnehmer des Gemeinschaftsbetriebs insgesamt an, unabhängig von den arbeitsvertraglichen Beziehungen der Arbeitnehmer zu den Trägerunternehmen.

Praxistipp

Selbst wenn Unternehmer A 90 Arbeitnehmer, Unternehmer B 30 Arbeitnehmer und Unternehmer C nur 4 Arbeitnehmer beschäftigen, ist ein einheitlicher Betriebsrat bestehend aus 7 Mitgliedern zu wählen (vgl. § 9 BetrVG).

33. Welche Bedeutung hat der sog. Schwellenwert?

Das Betriebsverfassungsrecht enthält eine Vielzahl von Vorschriften, deren Anwendbarkeit eine bestimmte Betriebsgröße in Bezug auf die Arbeitnehmeranzahl voraussetzt, den sog. Schwellenwert. Rechte und Pflichten entstehen erst ab einem bestimmten Schwellenwert, so wie bei der Wahl des Betriebsrats (§ 1 BetrVG), der Zahl der Betriebsratsmitglieder (§ 9 BetrVG) oder der Mindestanzahl von Freistellungen (§ 38 BetrVG). Auch einzelne Mitbestimmungsrechte gelten nur für bestimmte Betriebsgrößen, so wie bei den personellen Einzelmaßnahmen (§§ 99 ff. BetrVG), bei Kündigungen (§ 102 BetrVG), Betriebsänderungen (§ 111 BetrVG) und der Sozialauswahl (§§ 112, 112a BetrVG).

→ *Muster 2: Schwellenwerte*

34. Kann ein Gemeinschaftsbetrieb auch durch eine Betriebsvereinbarung entstehen?

Ja, aber nur dann, wenn die Voraussetzungen eines Gemeinschaftsbetriebs objektiv vorliegen. Dann können alle beteiligten Betriebsparteien gemeinsam, also alle Betriebsräte – sofern mehrere bestehen – und sämtliche Trägerunternehmen eine solche Betriebsvereinbarung abschließen. Dabei handelt es sich um eine freiwillige Betriebsvereinbarung nach § 88 BetrVG.

35. Was sollte eine solche Betriebsvereinbarung regeln?

Folgende Punkte sollten in einer solchen Betriebsvereinbarung geregelt werden:

- Alle Betriebsparteien eines Gemeinschaftsbetriebs sind zu beteiligen.
- Die objektiven Voraussetzungen des Gemeinschaftsbetriebs sind zu beschreiben.
- Die aktuell bestehenden Betriebs-, Gesamt- und Konzernbetriebsvereinbarungen sind für die jeweiligen Unternehmen aufzuführen.
- Die Betriebsparteien haben die Frage der verbindlichen Fortgeltung oder der späteren Harmonisierung der unterschiedlichen Vereinbarungen zu beschließen und den späteren Mitbestimmungsprozess zu beschreiben. Dabei sollten die Betriebsparteien verbindliche zeitliche Meilensteine verankern.
- Alle Fragen zum Übergangsmandat sollten festgelegt werden.
- Es sollte beschrieben werden, wie vorzugehen ist, wenn der Gemeinschaftsbetrieb endet.

36. Wie entsteht ein Gemeinschaftsbetrieb üblicherweise?

Ein Gemeinschaftsbetrieb wird häufig nicht neu errichtet, sondern entsteht zumeist durch

- den Zusammenschluss von zwei bestehenden Betrieben verschiedener Inhaber zu einem gemeinsamen Betrieb,
- die Übertragung eines Betriebsteils auf einen neuen Inhaber nach § 613a BGB,
- die Übertragung eines Betriebsteils auf einen neuen Inhaber und Fortführung des gesamten Betriebs als Gemeinschaftsbetrieb,
- die Abspaltung eines Betriebs und Fortführung des Gemeinschaftsbetriebs.

37. Wird in allen Gemeinschaftsbetrieben stets nur ein Betriebsrat gewählt?

Nein, häufig trifft man bei Gemeinschaftsbetrieben gleichwohl mehrere Betriebsräte an, da zumeist Betriebsräte oder Arbeitgeber es „verpassen", einen einheitlichen Betriebsrat für den Gemeinschaftsbetrieb zu errichten (→ *Frage 25: Wie kann ein Betriebsrat in einem Gemeinschaftsbetrieb errichtet werden?*).

38. Ist die Wahl von mehreren Betriebsräten in einem Gemeinschaftsbetrieb zulässig?

Nein, in einem Gemeinschaftsbetrieb muss ein einheitlicher Betriebsrat errichtet werden. Wurde dies vom Wahlvorstand verkannt, haben alle Arbeitgeber, drei wahlberechtigte Arbeitnehmer und die Gewerkschaft ein Anfechtungsrecht nach § 19 BetrVG. Die Wahlanfechtung ist nur binnen einer Frist von zwei Wochen, vom Tag der Bekanntgabe des Wahlergebnisses an gerechnet, zulässig (§ 19 Abs. 2 BetrVG).

Praxistipp

Erfolgt die Wahl unter Verkennung des Betriebsbegriffs nach § 1 Abs. 1 S. 2, Abs. 2 BetrVG, so kann bei einem eklatanten Verstoß sogar die Unwirksamkeit der Wahl drohen. Jeder Betriebsrat sollte in einer solchen Konstellation möglichst frühzeitig den Wahlvorstand bilden, damit dieser sorgfältig und selbständig prüfen kann, ob ein Gemeinschaftsbetrieb vorliegt.

39. Wie wirkt sich die Zusammenlegung mehrerer Betriebe zu einem Gemeinschaftsbetrieb auf den bereits bestehenden Betriebsrat aus?

Wenn Betriebe durch einen Zusammenschluss ihre Identität verlieren, dann endet grds. das Amt der Betriebsräte. Es muss ein neuer Betriebsrat im Gemeinschaftsbetrieb gewählt werden. Bis zur Neuwahl bleibt einer der Betriebsräte der zusammengefassten Betriebe bis zur Wahl des neuen Betriebsrats des Gemeinschaftsbetrieb im Amt (vgl. § 21a Abs. 2 BetrVG). Dieses sog. **Übergangsmandat** übt der Betriebsrat mit den meisten wahlberechtigten Arbeitnehmern aus.

→ *Muster 3: Übersicht über die Auswirkungen der nachträglichen Errichtung eines Gemeinschaftsbetriebs*

40. Was passiert mit dem Betriebsratsmandat bei der Eingliederung eines Betriebs in einen anderen?

Mit der Eingliederung eines Betriebs in einen Gemeinschaftsbetrieb endet die Amtszeit des Betriebsrats des eingegliederten Betriebs. Eine Ausnahme besteht nur für den Fall, dass es im aufnehmenden Betrieb keinen Betriebsrat gibt, dann entsteht das sog. Übergangsmandat nach § 21a BetrVG. Bis zur Neuwahl bleibt der Betriebsrat dann weiterhin im Amt und führt die Geschäfte weiter (§ 22 BetrVG).

→ *Muster 3: Übersicht über die Auswirkungen der nachträglichen Errichtung eines Gemeinschaftsbetriebs*

41. Was versteht man unter einer „Eingliederung"?

Eine Eingliederung liegt vor, wenn einer der Betriebe trotz der Zusammenlegung zum Gemeinschaftsbetrieb seine bisherige Identität behält. Der eine Betrieb gliedert sich in den anderen Betrieb ein. Die Betriebsorganisation des Gemeinschaftsbetriebs greift im Wesentlichen in diesen Fällen auf Strukturen zurück, die bereits in einem der Ausgangsbetriebe vorhanden waren. Häufig ist das der Fall, wenn einer der zusammengeschlossenen Betriebe in Bezug auf die Mitarbeiteranzahl sehr viel größer ist.

42. Wie unterscheidet sich die „Eingliederung" von einem Betriebsübergang nach § 613a BGB?

Bei einem Betriebsübergang wechselt der Inhaber eines Betriebs oder Betriebsteils. Es ändert sich der Arbeitgeber. Bei der „Eingliederung" erfolgt gerade keine Änderung des Arbeitgebers. Die Betriebe bilden ohne Aufgabe ihrer juristischen Rechtspersönlichkeit einen gemeinsamen Betrieb.

43. Gelten in diesem Fall die zuvor in den Betrieben abgeschlossenen Betriebsvereinbarungen fort?

Eine Weitergeltung der Betriebsvereinbarungen ist nur denkbar, wenn der Ursprungsbetrieb als organisatorisch abgrenzbare Einheit fortbesteht und die Betriebsvereinbarung weiterhin eindeutig bestimmten Arbeitnehmern zugeordnet werden kann.

Praxistipp

Erfolgt eine Eingliederung von Betrieben, in denen unterschiedliche Betriebsvereinbarungen bestehen, ist die Frage des Fortbestandes der Vereinbarungen juristisch nicht immer einfach zu beantworten. Der Betriebsrat braucht in jedem Fall eine fundierte juristische Beratung. Die Betriebsparteien sollten ihr Gestaltungsrecht ausüben und in jedem Fall eine Vereinbarung darüber abschließen, welche Arbeitsbedingungen für wen zukünftig gelten sollen.

→ *Muster 3: Übersicht über die Auswirkungen der nachträglichen Errichtung eines Gemeinschaftsbetriebs*

44. Was passiert mit den Betriebsvereinbarungen, wenn ein Gemeinschaftsbetrieb durch Spaltung entsteht?

Wenn ein Gemeinschaftsbetrieb durch Spaltung entsteht, also ein **Betriebsteil auf einen neuen Inhaber übertragen** und anschließend der gesamte Betrieb als Gemeinschaftsbetrieb fortgeführt wird, gelten die bisherigen Betriebsvereinbarungen im Gemeinschaftsbetrieb unverändert weiter.

Praxistipp

Für die Frage, ob bei der Spaltung von Betrieben und der Begründung eines Gemeinschaftsbetriebs stets ein neuer Betriebsrat gewählt werden muss, kommt es darauf an, ob die sog. Betriebsidentität (→ Frage 90: Wann bleibt die „Betriebsidentität" bestehen?) durch die Zusammenlegung bestehen bleibt oder beendet ist. Auch diese Frage sollte idealerweise mit der Arbeitgeberseite gemeinsam geklärt werden. Jeder Betriebsrat sollte sich dafür einsetzen, eine mitbestimmungsfreie Zeit im Betrieb zu verhindern.

45. Was passiert mit den jeweiligen Betriebsratsmitgliedern bei Abspaltung eines Unternehmens?

Scheidet ein Unternehmen aus dem Gemeinschaftsbetrieb aus, erlischt damit die Mitgliedschaft des jeweiligen Betriebsratsmitglieds des ausscheidenden Trägerunternehmens.

In solchen Fällen kann dann eine Neuwahl des Betriebsrats nach § 13 Abs. 2. Nr. 1 und/oder Nr. 2 BetrVG erforderlich werden. Bis zur Neuwahl bleibt der bisherige Betriebsrat, der dann nur noch aus Mitgliedern der verbliebenen Trägerunternehmen besteht, aber weiterhin im Amt und führt die Geschäfte weiter (§ 22 BetrVG).

→ *Muster 3: Übersicht über die Auswirkungen der nachträglichen Errichtung eines Gemeinschaftsbetriebs*

46. Was passiert, wenn sich die Identität des Betriebs ändert?

Wenn sich die Betriebsidentität (→ *Frage 90: Wann bleibt die „Betriebsidentität" bestehen?*) ändert, entsteht ein neuer Betrieb. Damit endet das Amt des Betriebsrats. Der Betriebsrat behält ein Übergangsmandat iSd § 21a BetrVG, welches mit der Wahl eines neuen Betriebsrats, spätestens aber nach sechs Monaten endet (vgl. § 21a Abs. 1 BetrVG).

Praxistipp

Der Betriebsrat des Gemeinschaftsbetriebs kann in einem solchen Fall mit der Arbeitsgeberseite auch eine längere Zeit für das Bestehen des Übergangsmandats vereinbaren, höchstens jedoch für zwölf Monate. Der Betriebsrat sollte sich für eine Verlängerung immer dann stark machen, wenn die zukünftige Neuwahl Schwierigkeiten bereiten könnte, geeignete Kandidaten noch nicht in Sicht sind oder beispielsweise nach § 13 Abs. 3 BetrVG für die künftigen Betriebsräte bereits eine fünfjährige Amtszeit infrage kommen könnte.

47. Wird ein neuer Betriebsrat gewählt, wenn der Gemeinschaftsbetrieb durch eine Unternehmensspaltung entsteht?

Nein, dann bleibt der Betriebsrat bis zum Ende der regulären Amtszeit im Amt. Der Grund liegt darin, dass der Betrieb, für den der Betriebsrat gewählt worden ist, in diesem Fall unverändert fortbesteht.

→ *Muster 3: Übersicht über die Auswirkungen der nachträglichen Errichtung eines Gemeinschaftsbetriebs*

48. Gibt es Besonderheiten bei der Besetzung des Betriebsrats eines Gemeinschaftsbetriebs?

Der neu gewählte Betriebsrat ist nach den allgemeinen Voraussetzungen der §§ 7 ff. BetrVG zu bilden und zu besetzen. Hinsichtlich der Größe des Betriebsrats (§ 9 BetrVG), einschließlich der Freistellungen (§ 38 BetrVG), ist auf die Größe des Gemeinschaftsbetriebs abzustellen. Gleiches gilt auch bei der Bildung von Ausschüssen und Arbeitsgruppen (§§ 28, 28a BetrVG).

→ *Muster 2: Schwellenwerte*

49. Wer erstellt die Wählerliste?

Gem. § 2 Abs. 2 WO hat der Arbeitgeber dem Wahlvorstand alle für die Anfertigung der Wählerliste iSd § 2 Abs. 1 WO erforderlichen Auskünfte zu erteilen und die erforderlichen Informationen schriftlich zur Verfügung zu stellen. Arbeitgeber in diesem Sinne ist der sog. Betriebsarbeitgeber.

→ *Muster 4: Adressat der Beteiligungsrechte*

50. Was versteht man unter dem sog. Betriebsarbeitgeber?

Der „Betriebsarbeitgeber" sind die Inhaber des Gemeinschaftsbetriebs, also die Trägerunternehmen als betriebliche Einheit.

Beispiel

Unternehmen A und Unternehmen B bilden einen Gemeinschaftsbetrieb. In dem Gemeinschaftsbetrieb soll ein Betriebsrat gewählt werden. Der Wahlvorstand erhält die erforderlichen Informationen vom Betriebsarbeitgeber, also von A und B gemeinsam.

51. Wer ist der „Vertragsarbeitgeber"?

Im Gegensatz zum Betriebsarbeitgeber ist der „Vertragsarbeitgeber" das Unternehmen, mit dem der Arbeitnehmer seinen Arbeitsvertrag abgeschlossen hat.

52. Wie erfolgt die Wahl einer Schwerbehindertenvertretung im Gemeinschaftsbetrieb?

Die Wahl einer Schwerbehindertenvertretung richtet sich nach §§ 176 ff. SGB IX. In Betrieben, in denen wenigstens fünf schwerbehinderte Menschen nicht nur vorübergehend beschäftigt sind, wird eine Vertrauensperson und wenigstens ein stellvertretendes Mitglied gewählt (§ 177 Abs. 1 SGB IX). Der Begriff des Betriebs bestimmt sich dabei nach dem Betriebsverfassungsrecht, so dass in einem Gemeinschaftsbetrieb stets eine einheitliche Schwerbehindertenvertretung zu wählen ist. Dieser ist dann für die Arbeitnehmer aller Trägerunternehmen zuständig.

53. Welcher Arbeitgeber ist der Verhandlungspartner des Gemeinschaftsbetriebsrats?

Für die Frage, wer Ansprech- bzw. Verhandlungspartner des im Gemeinschaftsbetrieb gebildeten Betriebsrats ist, kommt es auf das jeweilige Mitbestimmungsthema an. Der Betriebsrat muss bei jedem Mitbestimmungsthema prüfen, welcher Arbeitgeber die richtige Betriebspartei ist.

Handelt es sich um eine personelle Angelegenheit, dann ist der Arbeitgeber des betroffenen Arbeitnehmers der Ansprechpartner des Betriebsrats. Soll eine Betriebsvereinbarung abgeschlossen werden oder geht es um die Ausübung eines Mitbestimmungsrechts bei innerbetrieblichen Fragen, dann sind Verhandlungspartner des Betriebsrats grds. alle an dem Gemeinschaftsbetrieb beteiligten Unternehmen.

→ *Muster 4: Adressat der Beteiligungsrechte*

54. Welche Möglichkeit hat der Betriebsrat im Gemeinschaftsbetrieb, wenn er zu keiner Einigung mit den Trägerunternehmen des Gemeinschaftsbetriebs kommt?

Der Betriebsrat hat gem. § 76 Abs. 1 S. 1 BetrVG die Möglichkeit, zur Beilegung von Meinungsverschiedenheiten eine Einigungsstelle zu bilden. Die Einigungsstelle entsteht gem. § 76 Abs. 2 S. 1 BetrVG aus einer gleichen Anzahl von Beisitzern, die vom Arbeitgeber und Betriebsrat bestellt werden, und einem unparteiischen Vorsitzenden, auf dessen Person sich beide Seiten einigen müssen.

→ *Muster 5: Klagerubrum am Beispiel eines Einigungsstelleneinsetzungsverfahrens*

55. Wem gegenüber muss der Betriebsrat die Einigungsstelle anrufen?

Das richtet sich danach, ob das Mitbestimmungsrecht des Betriebsrats sich gegen den „Vertragsarbeitgeber" (→ *Frage 51: Wer ist der „Vertragsarbeitgeber"?*) oder den „Betriebsarbeitgeber" (→ *Frage 50: Was versteht man unter dem sog. Betriebsarbeitgeber?*) richtet.

56. Welches Unternehmen trägt die Kosten des Gemeinschaftsbetriebsrats?

Gem. § 40 Abs. 1 BetrVG trägt der Arbeitgeber die durch die Tätigkeit des Betriebsrats entstandenen Kosten. Im Gemeinschaftsbetrieb wird wie folgt unterschieden: Die Kosten für die Tätigkeit einzelner Betriebsratsmitglieder, wie die Freistellung (§ 38 BetrVG) oder Schulung (§ 37 BetrVG), trägt der Vertragsarbeitgeber (→ *Frage 51: Wer ist der „Vertragsarbeitgeber"?*). Die allgemeinen Kosten, wie Büro oder sonstige Sachmittel nach § 40 Abs. 2 BetrVG, trägt der Betriebsarbeitgeber (→ *Frage 50: Was versteht man unter dem sog. Betriebsarbeitgeber?*), dh die Trägerunternehmen müssen sich diese Kosten teilen (vgl. BAG 8.4.1992 – 7 ABR 56/91).

→ *Muster 4: Adressat der Beteiligungsrechte*

57. Gibt es Besonderheiten bei der Geschäftsführung des Betriebsrats?

Grundsätzlich nicht, die Regeln über den Vorsitz, die Ausschüsse, die Sitzungen, die Geschäftsordnung und die Rechte der Betriebsratsmitglieder unterscheiden sich bei einem Betriebsrat eines Gemeinschaftsbetriebes nicht.

Praxistipp

Seit dem Inkrafttreten des Betriebsrätemodernisierungsgesetzes (Juni 2021) können virtuelle und hybride Betriebsratssitzungen durchgeführt werden, sofern der Betriebsrat sich zuvor eine entsprechende Geschäftsordnung nach § 36 BetrVG gegeben hat. Der Betriebsrat sollte zur eigenen Sicherheit unbedingt davon Gebrauch machen.

58. Welche Besonderheiten gibt es für die Geschäftsordnung?

Der Betriebsrat sollte die Unterschiede des Gemeinschaftsbetriebs in der Geschäftsordnung berücksichtigen und regeln. Also insbesondere die unterschiedlichen Gremien, wie Wirtschaftsausschuss, Gesamt- und Konzernbetriebsrat, möglichst mit den entsprechenden Vertragsarbeitnehmern besetzen und die unterschiedlichen Vertragsarbeitgeber in die Pflicht nehmen.

→ *Muster 10: Geschäftsordnung eines Betriebsrats im Gemeinschaftsbetrieb*

59. Nach welchen Schwellenwerten richtet sich die Freistellung iSd § 38 BetrVG?

Der Schwellenwert des § 38 Abs. 1 BetrVG richtet sich nach der Gesamtzahl der im Gemeinschaftsbetrieb in der Regel beschäftigten Arbeitnehmer.

→ *Muster 2: Schwellenwerte*

60. Welcher Arbeitgeber ist bei der Freistellung nach § 38 BetrVG zu beteiligen?

Weil es sich bei dem Anspruch auf volle Freistellung von der Arbeit bei unveränderter Lohnfortzahlung um Ansprüche handelt, die im Arbeitsverhältnis begründet sind, muss der Betriebsrat den Vertragsarbeitgeber des freizustellenden Betriebsratsmitglieds über die Freistellung informieren (vgl. § 38 Abs. 2 BetrVG) (→ *Frage 51: Wer ist der „Vertragsarbeitgeber"?*).

→ *Muster 4: Adressat der Beteiligungsrechte*

III. Mitbestimmung in sozialen und wirtschaftlichen Angelegenheiten

Die Annahme eines Gemeinschaftsbetriebs bringt auch einige Besonderheiten in Bezug auf die Ausübung der betrieblichen Mitbestimmungsrechte mit sich. Auch wenn das entscheidende Merkmal des Gemeinschaftsbetriebs die Einheitlichkeit der Entscheidung in sozialen und personellen Angelegenheiten ist, knüpfen auch die Mitbestimmungsrechte in wirtschaftlichen Angelegenheiten an die Organisation des Betriebs an. Der Betriebsrat wird sich bei jedem Mitbestimmungsrecht stets die Frage stellen müssen, mit welchem „Arbeitgeber" er in Verhandlung treten muss, welche Beschäftigtenzahlen für die Bestimmung der Schwellenwerte maßgeblich sind und für welche Maßnahmen er als Betriebsrat des Gemeinschaftsbetriebs zuständig ist.

61. Wer ist Verhandlungspartner des Betriebsrats bei sozialen Angelegenheiten nach § 87 Abs. 1 BetrVG?

Für die Mitbestimmung in sozialen Angelegenheiten nach § 87 Abs. 1 BetrVG im Gemeinschaftsbetrieb gibt es keine einheitliche Lösung. Es muss bei den sozialen Angelegenheiten unterschieden werden, ob die Regelungen den Betrieb als Organisationseinheit oder das jeweilige Arbeitsverhältnis betreffen. Handelt es sich um eine Regelung, die den Betrieb als Organisationseinheit tangiert, ist der sog. Betriebsarbeitgeber richtiger Verhandlungspartner, also alle Trägerunternehmen des Gemeinschaftsbetriebs (→ *Frage 50: Was versteht man unter dem sog. Betriebsarbeitgeber?*).

Praxistipp

Der Betriebsrat im Gemeinschaftsbetrieb sollte für die effektive Mitbestimmung genauestens seine Rechte und Pflichten in der besonderen Ausprägung des gemeinsamen Betriebs kennen. Eine Betriebsratsschulung nach § 37 Abs. 6 BetrVG ist dafür unerlässlich. Es handelt sich dabei um eine erforderliche Grundlagenschulung für alle Betriebsratsmitglieder.

→ *Muster 6: Beschlussfassung: Entsendung eines Betriebsratsmitglieds zur Schulung „Gemeinschaftsbetrieb – Gründung und Mitbestimmung"*

→ *Muster 7: Musteranschreiben an den Arbeitgeber zur Schulung „Gemeinschaftsbetrieb – Gründung und Mitbestimmung"*

62. Wann verhandelt der Betriebsrat mit dem „Betriebsarbeitgeber"?

Der „Betriebsarbeitgeber" ist der richtige Verhandlungsgegner, wenn die wesentlichen sozialen Angelegenheiten in einem Gemeinschaftsbetrieb einheitlich geregelt werden müssen. Der „Betriebsarbeitgeber" wird daher in der Regel für die Mitbestimmung nach § 87 Abs. 1 Nr. 1, Nr. 2, Nr. 6, Nr. 7 und Nr. 8 BetrVG zuständig sein → *Frage 50: Was versteht man unter dem sog. Betriebsarbeitgeber?*).

Praxistipp

Dementsprechend muss sich ein Antrag des Betriebsrats auf Unterlassung der einseitigen Verlängerung der Arbeitszeit durch den Arbeitgeber gegen alle an dem Gemeinschaftsbetrieb beteiligten Arbeitgeber richten.

→ *Muster 4: Adressat der Beteiligungsrechte*

63. Bei welchen sozialen Angelegenheiten iSd § 87 Abs. 1 BetrVG muss der Betriebsrat dagegen zumeist mit dem „Vertragsarbeitgeber" verhandeln?

Der Betriebsrat muss immer dann mit dem „Vertragsarbeitgeber" verhandeln, wenn es einen starken Bezug zum Arbeitsverhältnis gibt und eine Vereinbarung nicht notwendigerweise einheitlich geregelt werden muss. Der Vertragsarbeitgeber dürfte in der Regel zuständig sein für die Mitbestimmung nach § 87 Abs. 1 Nr. 4, Nr. 5 und Nr. 10 BetrVG (→ *Frage 51: Wer ist der „Vertragsarbeitgeber"?*).

Praxistipp

Es ist nicht unüblich, dass in einem Gemeinschaftsbetrieb unterschiedliche Vergütungsordnungen bestehen.

→ *Muster 4: Adressat der Beteiligungsrechte*

64. Wer ist Ansprechpartner bei Betriebsänderungen nach § 111 BetrVG?

Der in dem Gemeinschaftsbetrieb gebildete Betriebsrat nimmt auch die Beteiligungsrechte im Rahmen der wirtschaftlichen Mitbestimmung nach §§ 111 ff. BetrVG wahr, denn ein Betrieb iSd § 111 BetrVG kann auch ein Gemeinschaftsbetrieb sein.

65. Wie ist der sog. Schwellenwert des § 111 BetrVG zu bestimmen?

Sowohl bei der Frage, wann die Unterrichtungs- und Beratungsrechte iSd § 111 S. 1 BetrVG bestehen, als auch bei der Bestimmung einer Betriebsänderung iSd § 111 S. 3 BetrVG wird auf die Gesamtzahl der im Gemeinschaftsbetrieb in der Regel beschäftigten Arbeitnehmer abgestellt.

→ *Muster 2: Schwellenwerte*

66. Was versteht man unter einer Betriebsänderung?

Der Begriff der Betriebsänderung ist im BetrVG nicht definiert. § 111 S. 3 BetrVG enthält jedoch einen Katalog von wirtschaftlichen Entscheidungen, die als Betriebsänderung iSd § 111 S. 1 BetrVG gelten. Dazu gehören:

- Einschränkung und Stilllegung des ganzen Betriebs oder von wesentlichen Betriebsteilen,
- Verlegung des ganzen Betriebs oder von wesentlichen Betriebsteilen,
- Zusammenschluss mit anderen Betrieben oder die Spaltung von Betrieben,
- grundlegende Änderung der Betriebsorganisation, des Betriebszwecks oder der Betriebsanlagen,
- Einführung grundlegend neuer Arbeitsmethoden und Fertigungsverfahren.

Bei einer Betriebsänderung steht dem Betriebsrat grundsätzlich zunächst ein umfassendes Informationsrecht zu. Er ist berechtigt, mit dem Arbeitgeber einen Interessenausgleich sowie einen Sozialplan zu verhandeln.

67. Mit wem sind die Verhandlungen zu einem Interessenausgleich zu führen?

Bei Maßnahmen iSd §§ 111 ff. BetrVG sind die Verhandlungen über einen Interessenausgleich mit dem „Betriebsarbeitgeber“ zu führen (→ *Frage 50: Was versteht man unter dem sog. Betriebsarbeitgeber?*). Das ist regelmäßig die von allen Unternehmen bestellte Betriebsleitung. Diese schuldet ggf. auch einen Nachteilsausgleich nach § 113 Abs. 3 BetrVG.

→ *Muster 4: Adressat der Beteiligungsrechte*

68. Was ist ein Interessenausgleich?

Als Interessenausgleich bezeichnet das BetrVG die Einigung zwischen dem Arbeitgeber und dem Betriebsrat über die Durchführung von Betriebsänderungen. Gegenstand des Interessenausgleichs ist die Frage, ob, wann, wie und in welchem Umfange eine Betriebsänderung durchgeführt wird. Der Arbeitgeber hat – notfalls unter Einschaltung einer Einigungsstelle – mit dem Betriebsrat eine Einigung zu versuchen.

69. Wer ist Verhandlungspartner des Sozialplans bei Betriebsänderungen?

Die Pflicht zum Abschluss eines Sozialplans trifft den jeweiligen Vertragsarbeitgeber (→ *Frage 51: Wer ist der „Vertragsarbeitgeber“?*). Dieser ist auch Schuldner der Sozialplan- und vertraglichen Vergütungsansprüche. Eine gesamtschuldnerische Haftung der beteiligten Unternehmen besteht hingegen nicht (Fitting BetrVG § 111 Rn. 23).

→ *Muster 4: Adressat der Beteiligungsrechte*

70. Was ist ein Sozialplan?

Der Sozialplan ist die Einigung zwischen dem Arbeitgeber und dem Betriebsrat über den Ausgleich oder die Milderung der wirtschaftlichen Nachteile, die den Arbeitnehmern durch die Betriebsänderung entstehen. Durch die Anrufung der Einigungsstelle kann der Betriebsrat einen Sozialplan, im Gegensatz zum Interessenausgleich, erzwingen.

71. Was sind typische Betriebsänderungen in einem Gemeinschaftsbetrieb?

Eine Betriebsänderung kann typischerweise angenommen werden

- bei einem Zusammenschluss bestehender Betriebe zu einem Gemeinschaftsbetrieb (§ 111 S. 3 Nr. 3 BetrVG, v. a. § 111 S. 3 Nr. 4 BetrVG),
- bei einem Betriebsteilübergang nach § 613a BGB,
- bei Schaffung neuer Leitungsstrukturen (§ 111 S. 3 Nr. 4 BetrVG),
- bei Stilllegung eines Betriebsteils (§ 111 S. 3 Nr. 1 BetrVG),
- bei der Trennung eines bisher gemeinsam geführten Betriebs, wenn die tatsächliche Zusammenarbeit unter einer einheitlichen Leitung organisatorisch und räumlich beendet wird.

Praxistipp

Die bloße Aufhebung der zwischen den Unternehmen bestehenden Führungsvereinbarung stellt keine Betriebsänderung iSd § 111 BetrVG dar (BAG 11.11.1997 – 1 ABR 6/97), ebenso ist die bloße gesellschaftsrechtliche Spaltung des Betriebs keine Betriebsänderung iSd § 111 S. 3 Nr. 3 BetrVG, wenn die bisherige betriebliche Struktur erhalten bleibt. Dann kann der Betriebsrat weder einen Interessenausgleich noch einen Sozialplan verlangen.

72. Welche Arbeitnehmer sind bei dem Schwellenwert des § 111 Abs. 1 S. 2 BetrVG zu berücksichtigen?

Der Betriebsrat kann gem. § 111 Abs. 1 S. 2 BetrVG in Unternehmen mit mehr als 300 Arbeitnehmern zu seiner Unterstützung einen Berater hinzuziehen. Für die Frage, ob die erforderliche Anzahl von 300 Arbeitnehmern überschritten ist, werden alle Mitarbeiter des Gemeinschaftsbetriebs berücksichtigt.

73. Wie ist der Schwellenwert des § 112a BetrVG zu bestimmen?

§ 112a BetrVG regelt den erzwingbaren Sozialplan bei einem reinen Personalabbau ohne andere Änderungen und knüpft dazu an Schwellenwerte an. Hinsichtlich der Ermittlung dieser Schwellenwerte ist auf die Beschäftigtenzahlen des Gemeinschaftsbetriebs abzustellen.

→ *Muster 2: Schwellenwerte*

74. Was ist bei der sog. Massenentlassungsanzeige in einem Gemeinschaftsbetrieb zu beachten?

Nach § 17 KSchG muss der Arbeitgeber bei einer Vielzahl von Kündigungen und anderer Beendigungen von Arbeitsverhältnissen eine sog. Massenentlassungsanzeige erstatten. Die Massenentlassungsanzeige beinhaltet bestimmte Informationen zu den Beendigungen der Arbeitsverhältnisse und den betroffenen Arbeitnehmern. Sie ist gegenüber dem Betriebsrat und der örtlich zuständigen Arbeitsagentur anzuzeigen. Die Verpflichtung zu dieser Anzeige hängt von der Anzahl der betroffenen Arbeitnehmer ab. Bei einem Gemeinschaftsbetrieb sind alle Arbeitnehmer des Gemeinschaftsbetriebs für das Erreichen der Schwellenwerte maßgeblich.

Sollte der Arbeitgeber den Betriebsbegriff falsch anwenden, führt dies stets zur Unwirksamkeit der Massenentlassungsanzeige. Liegt also in Wirklichkeit ein Gemeinschaftsbetrieb vor, ohne dass ein gemeinsamer Betriebsrat gebildet ist, besteht gleichwohl nach § 17 KSchG die Verpflichtung, den richtigen Schwellenwert des Gemeinschaftsbetriebs anzuwenden, mit entsprechender Beteiligung aller Einzelbetriebsräte.

IV. Mitbestimmung bei personellen Angelegenheiten und Kündigungen

Auch die Beteiligungsrechte des Betriebsrats in personellen Angelegenheiten können den Betriebsrat vor Herausforderungen stellen. Der Betriebsrat wird sich bei jeder personellen Maßnahme wie Einstellungen, Ein- und Umgruppierung, Versetzung oder Kündigung die Frage stellen müssen, mit welchem „Arbeitgeber" er in Verhandlung treten muss, welche Beschäftigtenzahlen für die Bestimmung der Schwellenwerte maßgeblich sind und für welche Maßnahmen er als Betriebsrat des Gemeinschaftsbetriebs zuständig ist. Im Hinblick auf den Kündigungsschutz im Gemeinschaftsbetrieb gelten ebenfalls Besonderheiten, weil das Kündigungsschutzrecht betriebs- und nicht unternehmensbezogen ist: **Die für den Kündigungsschutz maßgebliche Organisationseinheit ist der Gemeinschaftsbetrieb.** Im Rahmen von betrieblichen Kündigungen stellt sich die Frage, welche Arbeitnehmer in die Sozialauswahl einbezogen werden müssen und welche Anforderungen an den Weiterbeschäftigungsanspruch zu stellen sind. Diese nicht immer ganz einfachen Fragen werden im Folgenden als Handlungshilfe für den Betriebsrat beantwortet. Gleichzeitig sollen auch die allgemeinen personellen Angelegenheiten der §§ 92 ff. BetrVG in den Blick genommen werden.

75. Wie erfolgt im Gemeinschaftsbetrieb die Personalplanung iSd § 92 Abs. 1 BetrVG?

Gem. § 92 Abs. 1 BetrVG hat der Arbeitgeber den Betriebsrat über die Personalplanung, insbesondere über den gegenwärtigen und künftigen Personalbedarf, sowie über die sich daraus ergebenden personellen Maßnahmen einschließlich der geplanten Beschäftigung von Personen, die nicht in einem Arbeitsverhältnis zum Arbeitgeber stehen, und Maßnahmen der Berufsbildung anhand von Unterlagen rechtzeitig und umfassend zu unterrichten. Er hat mit dem Betriebsrat über Art und Umfang der erforderlichen Maßnahmen und über die Vermeidung von Härten zu beraten. Arbeitgeber in diesem Zusammenhang ist der Betriebsarbeitgeber, dh der Betriebsrat ist über die Personalplanung aller Trägerunternehmen zu informieren (→ *Frage 50: Was versteht man unter dem sog. Betriebsarbeitgeber?*).

Praxistipp

Um einen guten Überblick über die Personalplanung zu erhalten, ist es erforderlich, dass der Betriebsrat die Unternehmensstruktur und den unternehmensweiten Personaleinsatz kennt. Die betreffenden Informationen erhält er durch den Wirtschaftsausschuss.

76. Müssen Arbeitsplätze iSd § 93 BetrVG für alle Arbeitnehmer des Gemeinschaftsbetriebs ausgeschrieben werden?

Ja, nach § 93 BetrVG kann der Betriebsrat verlangen, dass Arbeitsplätze, die besetzt werden sollen, allgemein oder für bestimmte Arten von Tätigkeiten vor ihrer Besetzung innerhalb des Betriebs ausgeschrieben werden. Mit dem Begriff des „Betriebs" ist der Gemeinschaftsbetrieb gemeint. Arbeitsplätze iSd § 93 BetrVG müssen für alle Arbeitnehmer des Gemeinschaftsbetriebs ausgeschrieben werden, unabhängig von der Stellung bei ihrem Vertragsarbeitgeber (→ *Frage 51: Wer ist der „Vertragsarbeitgeber"?*).

Praxistipp

Der Betriebsrat sollte mit der Arbeitgeberseite eine freiwillige Betriebsvereinbarung nach § 88 BetrVG über den Inhalt der Ausschreibung nach § 93 BetrVG sowie die Mitbestimmung zu den Stellenanforderungen abschließen und insbesondere auf die Mitteilung der jeweiligen Eingruppierung in internen Stellenausschreibungen bestehen.

77. Kann der Betriebsrat in einem Gemeinschaftsbetrieb Auswahlrichtlinien initiieren?

Ja, nach § 95 Abs. 2 S. 1 BetrVG kann der Betriebsrat in Betrieben mit mehr als 500 Arbeitnehmern die Aufstellung von Richtlinien über die personelle Auswahl bei Einstellung, Versetzung, Umgruppierung und Kündigung iSd § 95 Abs. 1 BetrVG verlangen. Bei der Ermittlung der erforderlichen Arbeitnehmerzahl ist auf die Arbeitnehmer des gesamten Gemeinschaftsbetriebs abzustellen.

→ *Muster 2: Schwellenwerte*

78. Was ist bei der Mitbestimmung bei Ein- und Umgruppierung iSd § 99 Abs. 1 BetrVG zu beachten?

Bei dem Schwellenwert des § 99 Abs. 1 BetrVG von 20 Arbeitnehmern ist allein die Beschäftigtenzahl des jeweiligen Vertragsarbeitgebers maßgeblich, weil es sich dabei um eine arbeitsvertragsbezogene Maßnahme handelt, die ausschließlich gegenüber dem Vertragsarbeitgeber geltend gemacht werden kann. Nur diesem gegenüber besteht auch das Mitbestimmungsrecht (→ *Frage 51: Wer ist der „Vertragsarbeitgeber"?*).

Praxistipp

In Gemeinschaftsbetrieben ist es durchaus üblich, dass die Arbeitnehmer bei ihren Vertragsarbeitgebern in unterschiedliche Tarifverträge eingruppiert sind. Kommt es zu einer „Versetzung" zu einem anderen Trägerunternehmen, kann eventuell eine Umgruppierung und daher die Geltung eines anderen Tarifvertrages in Betracht kommen (→ Frage 82: Gibt es eine Besonderheit bei Versetzungen in einem Gemeinschaftsbetrieb?).

→ *Muster 2: Schwellenwerte*
→ *Muster 4: Adressat der Beteiligungsrechte*

79. Was gilt für das Mitbestimmungsrecht bei Einstellung und Versetzung iSd § 99 Abs. 1 BetrVG?

Für den Schwellenwert von 20 Arbeitnehmern kommt es bei der Einstellung und Versetzung auf die Anzahl der Mitarbeiter im Gemeinschaftsbetrieb an.

Für die Frage, wer Verhandlungspartner des Betriebsrats ist, und für die Frage, ob es sich um eine Einstellung oder Versetzung handelt, ist jeweils auf das einzelne Trägerunternehmen, dh auf den Vertragsarbeitgeber, abzustellen (→ *Frage 51: Wer ist der „Vertragsarbeitgeber"?*).
→ *Muster 2: Schwellenwerte*
→ *Muster 4: Adressat der Beteiligungsrechte*

80. Wann liegt eine „Einstellung" vor?

Unter „Einstellung" wird die Begründung eines Arbeitsverhältnisses verstanden, also der Abschluss eines Arbeitsvertrages, oder die tatsächliche Beschäftigung im Betrieb durch die Arbeitsaufnahme des Arbeitnehmers. Eine Einstellung im mitbestimmungsrechtlichen Sinne liegt zudem vor, wenn sich die Umstände der Beschäftigung auf Grund einer neuen Vereinbarung grundlegend ändern, wie bei der Aufstockung der wöchentlichen Stundenzahl.

81. Was ist eine „Versetzung"?

Der Begriff der „Versetzung" ist in § 95 Abs. 3 BetrVG definiert. Danach ist die Versetzung die Zuweisung eines anderen Arbeitsbereichs, die voraussichtlich die Dauer von einem Monat überschreitet. Der „Arbeitsbereich" hat nicht nur eine räumlich-ortsbezogene, sondern auch eine tätigkeitsbezogene Dimension. Wird dem Arbeitnehmer eine „andere" Tätigkeit zugewiesen, ändert sich auch sein bisheriger Arbeitsbereich. Das ist der Fall, wenn sich der bisherige Gegenstand der Arbeitsleistung und Inhalt ändert (BAG 29.9.2004 – 1 AZR 473/03).

82. Gibt es eine Besonderheit bei Versetzungen in einem Gemeinschaftsbetrieb?

Von einer „Versetzung" kann nur gesprochen werden, wenn die Versetzung des Arbeitnehmers innerhalb seines Arbeitsvertrages zum jeweiligen Vertragsarbeitgeber erfolgt oder der Arbeitnehmer gegenüber seinem Vertragsarbeitgeber mit der Zuweisung der anderen Tätigkeit einverstanden ist (→ *Frage 51: Wer ist der „Vertragsarbeitgeber"?*). Zwischen den einzelnen Trägerunternehmen kann keine Versetzung nach § 95 Abs. 3 BetrVG erfolgen.

Wechselt ein Arbeitnehmer zwischen Trägerunternehmen, handelt es sich dabei um eine „Einstellung" nach § 99 Abs. 1 BetrVG mit der Besonderheit, dass der „versetzte" Arbeitnehmer seine Betriebszugehörigkeit behält. Entsprechend muss auch die Anhörung des Betriebsrats erfolgen.

83. Wann ist das Kündigungsschutzgesetz (KSchG) bei einer ordentlichen Kündigung anwendbar?

Für die Anwendung des KSchG müssen nach § 1 Abs. 1 und § 23 Abs. 1 S. 3 KSchG in dem Betrieb in der Regel mehr als 10 Arbeitnehmer beschäftigt sein und das Arbeitsverhältnis des zu kündigenden Arbeitnehmers muss länger als 6 Monate bestanden haben.

Praxistipp

Nur im Anwendungsbereich des KSchG ist ein Arbeitnehmer besonders geschützt. Der Arbeitgeber kann nur dann ordentlich kündigen, wenn die Kündigung sozial gerechtfertigt ist und der Arbeitgeber einen besonderen Grund vorweisen kann. Außerhalb des Anwendungsbereichs braucht der Arbeitgeber grundsätzlich keinen Grund anzugeben, um dem Arbeitnehmer ordentlich zu kündigen.

84. Wie wird der Schwellenwert für das KSchG gebildet?

Bei der Berechnung des Schwellenwertes aus §§ 1 Abs. 1, 23 Abs. 1 S. 3 KSchG werden alle im Gemeinschaftsbetrieb beschäftigten Arbeitnehmer berücksichtigt. Dadurch genießen Arbeitnehmer in einem Gemeinschaftsbetrieb Kündigungsschutz, obwohl ihr Vertragsarbeitgeber für sich genommen nicht den Schwellenwert nach dem KSchG erreichen würde (→ *Frage 50: Was versteht man unter dem sog. Betriebsarbeitgeber?*; → *Frage 51: Wer ist der „Vertragsarbeitgeber"?*).

85. Gibt es Besonderheiten bezüglich der Sozialauswahl gem. § 1 Abs. 1 KSchG im Gemeinschaftsbetrieb?

Ja, bei betriebsbedingten Kündigungen ist die Sozialauswahl im Gemeinschaftsbetrieb auf den gesamten Betrieb zu erstrecken. Es sind daher alle in dem Betrieb beschäftigten Arbeitnehmer, unabhängig von ihrem jeweiligen Arbeitsverhältnis in die Sozialauswahl einzubeziehen. Dies gilt auch, wenn bei Ausspruch der Kündigung bereits feststeht, dass bei Ablauf der Kündigungsfrist der Gemeinschaftsbetrieb beendet sein wird.

Praxistipp

Eine Erstreckung der Sozialauswahl über den Gemeinschaftsbetrieb hinaus in die jeweiligen Trägerunternehmen ist ausgeschlossen. Sind die anderen Trägerunternehmen noch an anderen Betrieben beteiligt, sind diese für die Sozialauswahl daher irrelevant.

86. Wann ist eine Kündigung in einem Gemeinschaftsbetrieb unwirksam?

Nach § 1 Abs. 2 S. 2 Nr. 1b KSchG ist eine Kündigung dann ungerechtfertigt, wenn der Arbeitnehmer an einem anderen Arbeitsplatz in demselben Betrieb oder in einem Betrieb des Unternehmens weiterbeschäftigt werden kann. Der Vertragsarbeitgeber muss prüfen, ob dem Arbeitnehmer ein anderer Arbeitsplatz zur Verfügung gestellt werden kann. Dabei sind die Arbeitsplätze im gesamten Betrieb in Betracht zu ziehen, und zwar auch dann, wenn diese Stelle gewöhnlich von dem anderen Trägerunternehmen besetzt wird.

Praxistipp

Die Reihenfolge von Betriebsänderungen kann für die Sozialauswahl bei Kündigungen entscheidend sein. Eine unternehmensübergreifende Sozialauswahl ist nämlich nicht mehr vorzunehmen, wenn der Gemeinschaftsbetrieb im Zeitpunkt der Kündigung schon nicht mehr bestanden hat. Besteht dagegen der Gemeinschaftsbetrieb zum Zeitpunkt einer Entlassungswelle noch, wird die Sozialauswahl im Gemeinschaftsbetrieb vorgenommen und nicht nur innerhalb des einzelnen Trägerunternehmens. Dies führt bei der Kündigungsauswahl einzelner Arbeitnehmer zu unterschiedlichen Ergebnissen.

87. Welchen besonderen Schutz genießen Betriebsräte?

Gem. § 15 Abs. 1 S. 1 KSchG ist die ordentliche Kündigung eines Mitglieds des Betriebsrats unwirksam. Der Arbeitgeber ist jedoch berechtigt, eine außerordentliche Kündigung auszusprechen, sofern der Betriebsrat dieser nach § 103 BetrVG zustimmt oder die Zustimmung durch eine gerichtliche Entscheidung ersetzt wird. Dieser besondere Kündigungsschutz wirkt auch noch innerhalb eines Jahres nach Beendigung der Amtszeit.

88. Wie sieht der Kündigungsschutz im Gemeinschaftsbetrieb aus?

Wird ein Betrieb stillgelegt, ist die Kündigung eines Betriebsratsmitglieds frühestens zum Zeitpunkt der Stilllegung möglich (§ 15 Abs. 4 KSchG). Im Rahmen eines Gemeinschaftsbetriebs ist der Arbeitgeber bei der Stilllegung eines Betriebs verpflichtet, entweder eine Weiterbeschäftigungsmöglichkeit in einem anderen Betrieb des Unternehmens oder im Gemeinschaftsbetrieb selbst zu suchen. Gleiches gilt, wenn nur eine Betriebsabteilung geschlossen werden soll und das Betriebsratsmitglied dort beschäftigt ist. Das Betriebsratsmitglied muss in eine andere Abteilung übernommen werden, und zwar auch, wenn diese Abteilung lediglich von dem anderen Trägerunternehmen betrieben wird (§ 15 Abs. 5 KSchG).

V. Das Ende des Gemeinschaftsbetriebs

Ein Gemeinschaftsbetrieb kann als Rechtssubjekt auch wieder aufgelöst werden. Zu einer Auflösung kommt es insbesondere dann, wenn eines der daran beteiligten Trägerunternehmen seine betriebliche Tätigkeit einstellt, die Vereinbarung über die gemeinsame Führung des Betriebs aufgehoben oder wenn eines der beteiligten Unternehmen verkauft wird und es somit zu einem Teilbetriebsübergang kommt. Der Fall der Auflösung tritt zudem regelmäßig ein, wenn über das Vermögen des einen Unternehmens das Insolvenzverfahren eröffnet wird. Die Auflösung erfolgt spätestens dann, wenn der Insolvenzverwalter den von ihm geführten Betriebsteil stilllegt. Wenn ein Gemeinschaftsbetrieb aufgelöst wird, stellt sich die in der Praxis höchst komplizierte Frage, wie sich dies auf den Betriebsrat des Gemeinschaftsbetriebs sowie auf das Mandat der einzelnen Betriebsratsmitglieder auswirkt und welche Rechte und Pflichten dem Betriebsrat in diesem Fall zustehen. Der folgende Beitrag soll mit dem nötigen Praxisbezug die verschiedenen Konstellationen und Handlungsmöglichkeiten aufzeigen.

89. Was passiert mit dem Betriebsrat bei der Auflösung eines Gemeinschaftsbetriebs?

Die Auflösung des Gemeinschaftsbetriebs kann für das Bestehen des dort gewählten Betriebsrats verschiedene Auswirkungen haben. Entscheidend dabei ist, ob durch die Auflösung die sog. Betriebsidentität des nunmehr nur noch von einem Arbeitgeber geführten Betriebs erhalten bleibt oder verloren geht. Es geht also immer darum, ob die sog. „Betriebsidentität" bestehen bleibt.

→ *Muster 8: Auflösung eines Gemeinschaftsbetriebs*

90. Wann bleibt die „Betriebsidentität" bestehen?

Die „Betriebsidentität" bleibt bestehen, wenn ein Betrieb oder Betriebsteil lediglich auf einen anderen Inhaber übertragen wird, ohne dass sich an der Organisation des bisherigen Betriebs etwas ändert oder wenn sich der „Betrieb" als Regelungsgegenstand überhaupt nicht ändert, sondern den Betriebsparteien nachträglich auffällt, dass rechtlich statt zweier Betriebe vielmehr ein Gemeinschaftsbetrieb vorliegt.

91. Wann bleibt die Betriebsidentität noch bestehen?

Die Betriebsidentität bleibt zudem bestehen, wenn

- der Betrieb nach der Aufhebung der Vereinbarung über die gemeinsame Führung von einem Arbeitgeber fortgeführt wird,
- die Auflösung des Gemeinschaftsbetriebs mit der **Stilllegung eines Betriebsteils oder** mit einer **Betriebseinschränkung** verbunden ist oder
- die gemeinsame Führungsvereinbarung aufgehoben und der Betrieb durch ein Trägerunternehmen fortgeführt wird.

Praxistipp

Die Identität eines Betriebs bleibt immer dann erhalten, wenn nur eine Änderung der Betriebsführung stattgefunden hat. Denn diese Veränderung führt nicht zu einer Veränderung der betrieblichen Organisationseinheit, für die der Betriebsrat gewählt worden ist.

→ *Muster 8: Auflösung eines Gemeinschaftsbetriebs*

92. Ändert sich etwas, wenn das Trägerunternehmen den Betrieb nur teilweise fortführt und den anderen Teil stilllegt?

Grundsätzlich nicht. Auch in diesem Fall bleibt der Betriebsrat grundsätzlich im Amt, denn die teilweise Stilllegung hat keinen Einfluss auf die Betriebsidentität. Wenn es im Zusammenhang mit der Auflösung eines Gemeinschaftsbetriebs zur Stilllegung eines Betriebsteils oder zu einer Betriebseinschränkung kommt, kann dies aber zugleich auch zu einer Verringerung der Anzahl der in dem Betrieb beschäftigten Arbeitnehmer führen. In diesem Fall ist ggf. eine Neuwahl des Betriebsrats gem. § 13 Abs. 2 Nr. 1 und Nr. 2 BetrVG erforderlich. Bis zur Neuwahl bleibt der bisherige Betriebsrat aber weiterhin im Amt und führt die Geschäfte weiter (§ 22 BetrVG).

→ *Muster 8: Auflösung eines Gemeinschaftsbetriebs*

93. Führt die Kündigung der Führungsvereinbarung zur Auflösung des Gemeinschaftsbetriebs?

Nein, dies führt nicht zur Auflösung des Gemeinschaftsbetriebs. Vielmehr muss darüber hinaus zukünftig zwischen den jetzigen Trägerunternehmen eine klare Trennung von Personalangelegenheiten und Betriebsmitteln herbeigeführt werden.

94. Wann bleibt die Betriebsidentität nicht bestehen?

Immer dann, wenn sich im Zusammenhang mit der Auflösung des Gemeinschaftsbetriebs auch die Organisationsstruktur ändern würde. Das wäre zB der Fall, wenn einzelne Betriebsbereiche getrennt durch die jeweiligen Trägerunternehmen fortgeführt werden, ohne dass die Voraussetzungen des § 1 Abs. 1 S. 2 BetrVG weiter vorliegen.

95. Welche Auswirkung hat das Fehlen der Betriebsidentität?

Fehlt es an der Betriebsidentität, dann enden das Amt des Betriebsrats und damit auch das Mandat der einzelnen Mitglieder. Der Betriebsrat bleibt als Übergangsmandat gem. § 21a BetrVG in seiner personellen Zusammensetzung bestehen, bis ein oder mehrere neue Betriebsräte in den jeweiligen Trägerunternehmen gewählt worden sind. Die Wahl muss spätestens 6 Monate nach Wirksamwerden der Spaltung durchgeführt werden, sofern keine andere Vereinbarung mit der Arbeitgeberseite besteht.

→ *Muster 8: Auflösung eines Gemeinschaftsbetriebs*

96. Welche sonstigen Rechte des Betriebsrats ergeben sich bei der Auflösung des Gemeinschaftsbetriebs?

Bei der Auflösung des Gemeinschaftsbetriebs handelt es sich zum einen um eine wirtschaftliche Angelegenheit iSd § 106 BetrVG, so dass der Arbeitgeber verpflichtet ist, den Wirtschaftsausschuss darüber zu unterrichten. Zum anderen handelt es sich um eine Betriebsänderung iSd § 111 S. 1 BetrVG (→ *Frage 66: Was versteht man unter einer Betriebsänderung?*), mit der Folge, dass ein Interessenausgleich angestrebt und ein Sozialplan für die Auflösung vereinbart werden muss.

Praxistipp

Bei der Auflösung eines Gemeinschaftsbetriebs können gravierende Nachteile für die Arbeitnehmer der einzelnen Trägerunternehmen entstehen. In jedem Fall sollte der Betriebsrat des Gemeinschaftsbetriebs umgehend juristisch prüfen, welcher Ausgleich für die wirtschaftlichen Nachteile der Arbeitnehmer durch den Sozialplan vereinbart werden muss. Der Abschluss eines Sozialplans ist notfalls mithilfe einer Einigungsstelle erzwingbar.

VI. Fortbestand von Betriebsvereinbarungen und Mitwirkung im Gesamt- und Konzernbetriebsrat

Bei der erstmaligen Gründung eines Gemeinschaftsbetriebs stellt sich nicht nur die Frage, inwieweit der Betriebsrat in bereits vorhandenen oder neu zu gründenden Gesamt- und Konzernbetriebsräten mitwirken kann. Besondere Probleme bereitet der Umstand, wie mit den bis dahin in den beteiligten Unternehmen gültigen Betriebs-, Gesamtbetriebs- und Konzernbetriebsvereinbarungen umzugehen ist. Existieren sog. Fortgeltungsvereinbarungen zwischen dem Betriebsrat und der Leitung des Gemeinschaftsbetriebs, so gestaltet sich die Rechtslage einfach. Fehlt es an solchen Vereinbarungen, ergeben sich für den Betriebsrat eine Vielzahl von Problemen, die in der einschlägigen Fachliteratur kaum behandelt werden. Kurz: Der Betriebsrat benötigt in der täglichen Praxis Handlungshilfen für den Umgang mit dieser komplizierten Fragestellung.

97. Was passiert bei der Gründung eines Gemeinschaftsbetriebs mit den Betriebsvereinbarungen der Trägerunternehmen?

Die Frage, ob bei der Gründung eines Gemeinschaftsbetriebs auch die zuvor geschlossenen Einzelbetriebsvereinbarungen fortgelten, lässt sich nicht mit „Ja" oder „Nein" beantworten. Letztlich sind zwei Konstellationen zu unterscheiden:

a) Existiert eine Fortgeltungsvereinbarung, so gelten die bisherigen Betriebsvereinbarungen weiter.
b) Fehlt aber eine solche Vereinbarung, kommt es vielmehr darauf an, ob es bei der Bildung eines Gemeinschaftsbetriebs zu einem Wechsel der Betriebsidentität gekommen ist (→ *Frage 90: Wann bleibt die „Betriebsidentität" bestehen?*).

Praxistipp

Um die Fortgeltung von Betriebsvereinbarungen sicherzustellen, sollte der Betriebsrat mit dem Arbeitgeber daher immer eine Fortgeltungsvereinbarung treffen.

Erfolgt dies im Rahmen einer Betriebsänderung nach § 111 BetrVG, kann die Fortgeltungsvereinbarung in die Verhandlungen zum Interessenausgleich und dem erzwingbaren Sozialplan aufgenommen werden.

→ *Muster 3: Übersicht über die Auswirkungen der nachträglichen Errichtung eines Gemeinschaftsbetriebs*

98. Warum ist das Kriterium der „Betriebsidentität" entscheidend für den Fortbestand?

Das liegt an dem räumlichen Geltungsbereich einer Betriebsvereinbarung. Dieser erstreckt sich nur auf den Betrieb des Betriebsrats, der sie abgeschlossen hat. Die räumliche Rechtsetzungsbefugnis eines Betriebsrats ist stets auf die betriebliche Organisationseinheit beschränkt, für die er gewählt ist. Werden jedoch mehrere Betriebe unterschiedlicher Unternehmen zu einem Gemeinschaftsbetrieb zusammengeschlossen, so führt dies zu einem neuen Betrieb mit der Folge, dass eine Fortgeltung nur bei dem Vorliegen der sog. Betriebsidentität in Betracht kommen kann.

99. Welche Auswirkung hat das Bestehen einer „Betriebsidentität"?

Das Bestehen der „Betriebsidentität" (→ *Frage 90: Wann bleibt die „Betriebsidentität" bestehen?*) bewirkt, dass die jeweiligen Betriebsvereinbarungen für die vom Geltungsbereich der Betriebsvereinbarung erfassten Arbeitnehmer weiter gelten. Es ist daher möglich, dass innerhalb des Gemeinschaftsbetriebs zwei unterschiedliche Betriebsvereinbarungen zu einem Regelungskomplex bestehen.

Beispiel

Unternehmen A und Unternehmen B teilen sich die Geschäftsräume eines Gebäudes, haben eine einheitliche Personalabteilung und eine identische Geschäftsführung. In beiden Unternehmen ist ein Betriebsrat gewählt. Beide Betriebsräte haben unterschiedliche Betriebsvereinbarungen zur Arbeitszeit nach § 87 Abs. 1 Nr. 2 BetrVG abgeschlossen. Der Betriebsrat des Unternehmens A lässt gerichtlich feststellen, dass zwischen den Unternehmen ein Gemeinschaftsbetrieb vorliegt. Es wird daraufhin ein gemeinsamer Betriebsrat gewählt.

Lösung: *Beide Betriebsvereinbarungen zur Arbeitszeit behalten ihre Geltung. Für die Arbeitnehmer des Unternehmens A sowie des Unternehmens B gelten jeweils ihre „alten" Betriebsvereinbarungen. Der neue Betriebsrat kann dann mit dem Arbeitgeber in Verhandlung treten und eine gemeinsame Betriebsvereinbarung erarbeiten – muss dies aber nicht.*

100. Welche Auswirkung hat der Verlust der „Betriebsidentität"?

Die herrschende Auffassung geht davon aus, dass der Geltungsbereich der kollektiven Betriebsvereinbarung bei Verlust der Betriebsidentität wegfällt und damit die in den einzelnen Betrieben abgeschlossenen Betriebsvereinbarungen enden.

Ohne eine Fortgeltungsvereinbarung gelten in dem Gemeinschaftsbetrieb ggf. keine „alten" Betriebsvereinbarungen weiter. Das ist immer dann besonders ärgerlich, wenn sich die in der Zeit der betrieblichen Eigenständigkeit geschlossenen Vereinbarungen in der Umsetzung bewährt haben. Die Annahme eines Gemeinschaftsbetriebs hat damit weitreichende Konsequenzen. Der Betriebsrat sollte daher von seinem Rechtsbeistand genau prüfen lassen, ob weiterhin eine Betriebsidentität vorliegt oder nicht.

101. Welche Sonderregelungen gelten im Falle einer Betriebsspaltung?

Für den Fall der Betriebsspaltung wird nach Auffassung des BAG die Lehre von der Betriebsidentität insoweit modifiziert, dass bereits eine Teilidentität ausreichend sein soll, um die normative Fortgeltung der Betriebsvereinbarungen zu begründen. Eine Teilidentität liegt danach vor, wenn der abgespaltene Teil die Kriterien eines Betriebsteils erfüllt und selbständig geführt wird (BAG 18.9.2002 – 1 ABR 54/01).

102. Kann in einem Gemeinschaftsbetrieb ein Gemeinschaftsgesamtbetriebsrat gebildet werden?

Nein, in einem Gemeinschaftsbetrieb kann kein Gesamtbetriebsrat aller Gemeinschaftsbetriebe – quasi als „Gemeinschaftsgesamtbetriebsrat" – gebildet werden. Der „Gesamtbetriebsrat" knüpft immer an das Unternehmen an. Um einen Gesamtbetriebsrat zu bilden, müssen mehrere Betriebe in einem Unternehmen bestehen, was bei dem gemeinsamen Betrieb gerade nicht der Fall ist. Für Betriebe verschiedener Rechtsträger kann kein gemeinsamer Gesamtbetriebsrat errichtet werden (BAG 13.2.2007 – 1 AZR 184/06).

Praxistipp

Durch die Errichtung eines Gemeinschaftsbetriebs wird die Anzahl der Mitbestimmungsgremien auf betrieblicher, nicht hingegen auf Unternehmensebene reduziert.

103. Werden Betriebsräte eines Gemeinschaftsbetriebs an der Bildung und Entsendung von Gesamtbetriebsräten der Trägerunternehmen beteiligt?

Ja, ein Betriebsrat eines Gemeinschaftsbetriebs muss gem. § 47 Abs. 8 und Abs. 9 BetrVG Vertreter in den jeweiligen Gesamtbetriebsrat der Trägerunternehmen entsenden, soweit dort einer errichtet ist oder errichtet werden muss. Besteht noch kein Gesamtbetriebsrat, kann der Gemeinschaftsbetrieb zusammen mit den anderen im Trägerunternehmen existierenden Betriebsräten einen Gesamtbetriebsrat neu bilden.

→ *Muster 9: Anschreiben an gebildeten GBR*

104. Müssen die aus einem Gemeinschaftsbetrieb in den Gesamtbetriebsrat entsandten Mitglieder dem jeweiligen Trägerunternehmen angehören?

Nein, der Betriebsrat des Gemeinschaftsbetriebs kann auch solche Mitglieder in den Gesamtbetriebsrat entsenden, die in keinem Arbeitsverhältnis zu diesem Unternehmen stehen (Fitting BetrVG § 47 Rn. 81).

105. Welches Stimmengewicht hat ein Gesamtbetriebsratsmitglied eines Gemeinschaftsbetriebs?

Jedes Mitglied des Gesamtbetriebsrats hat so viele Stimmen, wie in dem Betrieb, in dem es gewählt wurde, wahlberechtigte Arbeitnehmer in der Wählerliste eingetragen sind. Entsendet der Betriebsrat mehrere Mitglieder, so stehen ihnen die Stimmen anteilig zu (§ 47 Abs. 7 BetrVG). Ist ein Mitglied des Gesamtbetriebsrats für mehrere Betriebe entsandt worden, so hat es so viele Stimmen, wie in dem Gemeinschaftsbetrieb wahlberechtigte Arbeitnehmer in den Wählerlisten eingetragen sind. Sind mehrere Mitglieder entsandt, stehen ihnen die Stimmen anteilig zu (§ 47 Abs. 8 BetrVG).

Praxistipp

Auch wenn es nicht vorgeschrieben ist, dass die in den Gesamtbetriebsrat entsandten Mitglieder Arbeitnehmer des jeweiligen Trägerunternehmens sein müssen, so ist es für die Akzeptanz der Gesamtbetriebsratsmitglieder oftmals besser, wenn es sich um einen Vertragsarbeitnehmer handelt. Dies gilt insbesondere dann, wenn der Gemeinschaftsbetrieb aufgrund seiner Mitarbeiteranzahl ein verhältnismäßig großes Stimmengewicht im Gesamtbetriebsrat hat.

106. Gelten vom Gesamtbetriebsrat neu abgeschlossene Gesamtbetriebsvereinbarungen auch im Gemeinschaftsbetrieb?

Ja, diese Gesamtbetriebsvereinbarungen gelten grundsätzlich auch im Gemeinschaftsbetrieb. Dies ergibt sich schon aus den allgemeinen Regeln, wonach Gesamtbetriebsvereinbarungen stets unmittelbar und zwingend für alle Betriebe des Unternehmens wirken, für die die Zuständigkeit des Gesamtbetriebsrats besteht (ErfK/Koch BetrVG § 50 Rn. 8).

107. Gelten diese Gesamtbetriebsvereinbarungen für alle Arbeitnehmer des Gemeinschaftsbetriebs oder nur für die Arbeitnehmer des betreffenden Trägerunternehmens?

Die Gesamtbetriebsvereinbarungen gelten in Gemeinschaftsbetrieben nur für die Arbeitnehmer des betreffenden Trägerunternehmens.

108. Können konkurrierende Gesamtbetriebsvereinbarungen im Gemeinschaftsbetrieb angewendet werden?

Diese Frage hängt davon ab, ob der Gesamtbetriebsrat für eine spezifische Regelung originär nach § 50 Abs. 1 BetrVG zuständig ist. Handelt es sich um eine Angelegenheit, bei der die parallele Existenz unterschiedlicher Regelungen nicht in Betracht kommt, fehlt es insoweit bereits an der Zuständigkeit der Gesamtbetriebsräte, da eine Regelung nur auf Betriebs- und nicht auch auf Unternehmensebene getroffen werden kann. Es gibt keine konkurrierende Regelungskompetenz zwischen Betriebsräten und Gesamtbetriebsräten. Anders hingegen ist die Frage hinsichtlich Regelungen zu beantworten, die innerhalb eines Betriebs konfliktfrei nebeneinander bestehen können, wie das etwa bei solchen über Sozialeinrichtungen oder die Verteilung freiwilliger Leistungen der Fall ist. In diesem Fall wirken die Gesamtbetriebsvereinbarungen auch im Verhältnis zu den jeweils unternehmensangehörigen Arbeitnehmern des gemeinsamen Betriebs mehrerer Unternehmen.

109. Gelten Gesamtbetriebsvereinbarungen, die vor der Bildung eines Gemeinschaftsbetriebs abgeschlossen wurden, im Gemeinschaftsbetrieb fort?

Die Fortgeltung der Gesamtbetriebsvereinbarung hängt – wie auch schon die Fortgeltung von Betriebsvereinbarungen – davon ab, ob ein identitätswahrender Übergang stattgefunden hat oder nicht. Dabei ist die Identität des unter die Gesamtbetriebsvereinbarung fallenden Einzelbetriebs maßgeblich. Daraus folgt, dass eine Gesamtbetriebsvereinbarung immer nur dann fortbesteht, wenn auch eine Betriebsvereinbarung fortgelten würde (→ *Frage 97: Was passiert bei der Gründung eines Gemeinschaftsbetriebs mit den Betriebsvereinbarungen der Trägerunternehmen?*).

110. Kommt die Errichtung eines Konzernbetriebsrats in Betracht, wenn der Gemeinschaftsbetrieb von zwei Unternehmen gebildet wird, die keine anderen Betriebe haben?

Nein, die Errichtung eines Konzernbetriebsrats setzt nach §§ 54 ff. BetrVG zwingend voraus, dass es ein herrschendes und mindestens ein beherrschtes Unternehmen gibt. Bei einem Gemeinschaftsbetrieb besteht eine solche beherrschende Einflussmöglichkeit eines Unternehmens nicht. Ein Gemeinschaftsbetrieb setzt die einheitliche Leitungsmacht voraus, es besteht also gerade kein Über- und Unterordnungsverhältnis.

111. Gibt es Besonderheiten bei der Entsendung in den Konzernbetriebsrat?

Nein, grundsätzlich nicht. Es gelten die gleichen Regeln wie bei der Entsendung in den Gesamtbetriebsrat (→ *Frage 103: Werden Betriebsräte eines Gemeinschaftsbetriebs an der Bildung und Entsendung von Gesamtbetriebsräten der Trägerunternehmen beteiligt?*; → *Frage 104: Müssen die aus einem Gemeinschaftsbetrieb in den Gesamtbetriebsrat entsandten Mitglieder dem jeweiligen Trägerunternehmen angehören?*). Besteht kein Gesamtbetriebsrat, kann der Gemeinschaftsbetriebsrat in jeden bestehenden Konzernbetriebsrat seiner Trägerunternehmen Mitglieder entsenden. Sie müssen dabei nicht in einem Arbeitsverhältnis zu dem jeweiligen Trägerunternehmen stehen.

112. Gelten Konzernbetriebsvereinbarungen bei Bildung eines Gemeinschaftsbetriebs fort?

Die Fortgeltung der Konzernbetriebsvereinbarung hängt – wie auch schon die Fortgeltung von Gesamtbetriebsvereinbarungen – davon ab, ob ein identitätswahrender Übergang stattgefunden hat oder nicht (→ *Frage 90: Wann bleibt die „Betriebsidentität" bestehen?*). Diese Frage lässt sich nicht per se mit „Ja" oder „Nein" beantworten. Es ist vielmehr danach zu unterscheiden, ob es sich bei den am Gemeinschaftsbetrieb beteiligten Trägerunternehmen um Unternehmen mit gänzlich unterschiedlicher oder gleicher Konzernträgerzugehörigkeit handelt.

113. Wirken Konzernbetriebsvereinbarungen bei unterschiedlicher Konzernträgerzugehörigkeit fort?

Nein, die Konzernbetriebsvereinbarungen wirken nicht fort, denn bei unterschiedlicher Konzernträgerzugehörigkeit kann nicht von einem identitätswahrenden Übergang ausgegangen werden.

114. Wirken Konzernbetriebsvereinbarungen bei gleicher Konzernträgerzugehörigkeit fort?

Ja, Konzernbetriebsvereinbarungen gelten bei gleicher Konzernträgerzugehörigkeit auch bei der Gründung eines Gemeinschaftsbetriebs fort. Der Grund liegt darin, dass alle Konzernbetriebsvereinbarungen unmittelbar und zwingend für die Arbeitsverhältnisse aller in den Konzernunternehmen beschäftigten Arbeitnehmer gelten. Dies bedeutet, dass alle an einem Gemeinschaftsbetrieb beteiligten Unternehmen eines Konzerns bereits vor der Gründung des Gemeinschaftsbetriebs gleichermaßen dem Anwendungsbereich dieser Konzernbetriebsvereinbarung unterlagen.

VII. Der Wirtschaftsausschuss im Gemeinschaftsbetrieb

Nach § 106 Abs. 1 BetrVG ist in allen Unternehmen mit in der Regel mehr als 100 ständig beschäftigten Arbeitnehmern ein Wirtschaftsausschuss zu bilden. Die Vorschrift stellt für die Errichtung auf das Unternehmen und nicht auf den einzelnen Betrieb ab. Problematisch können Fälle sein, in denen zwei oder mehrere Unternehmen einen Gemeinschaftsbetrieb führen. Hier stellt sich die Frage, ob und ggf. bei welchem Unternehmen die in dem Gemeinschaftsbetrieb beschäftigten Arbeitnehmer mitzählen, wo ein Wirtschaftsausschuss zu bilden ist und wie der Betriebsrat des Gemeinschaftsbetriebs an einem bereits bestehenden Wirtschaftsausschuss der jeweiligen Trägerunternehmen zu beteiligen ist.

115. Kann in einem Gemeinschaftsbetrieb ein Wirtschaftsausschuss gebildet werden?

Ja, in einem Gemeinschaftsbetrieb kann unter Beachtung des Schwellenwertes grundsätzlich ein Wirtschaftsausschuss gebildet werden. Die Voraussetzungen richten sich nach den §§ 106 ff. BetrVG.

116. Welche Arbeitnehmer werden in die Berechnung des Schwellenwertes nach § 106 Abs. 1 BetrVG einbezogen?

Bei der Berechnung des Schwellenwertes nach § 106 Abs. 1 BetrVG werden grundsätzlich alle im Gemeinschaftsbetrieb beschäftigten Arbeitnehmer einbezogen.

→ *Muster 2: Schwellenwerte*

117. Kann ein Gemeinschaftsbetrieb einen eigenständigen Wirtschaftsausschuss bilden, wenn die Trägerunternehmen nur den Gemeinschaftsbetrieb führen?

Ja, nach ständiger Rechtsprechung des BAG kann ein Gemeinschaftsbetrieb einen eigenständigen Wirtschaftsausschuss bilden, wenn die Trägerunternehmen nur den Gemeinschaftsbetrieb führen. Dies gilt auch dann, wenn kein Unternehmen für sich den Schwellenwert von regelmäßig mehr als 100 ständig beschäftigten Arbeitnehmern erfüllt, die Trägerunternehmen des Gemeinschaftsbetriebs jedoch insgesamt mehr als 100 Arbeitnehmer beschäftigen. In diesen Fällen wendet das BAG § 106 BetrVG entsprechend an (BAG 1.8.1990 – 7 ABR 91/88).

118. Ist die Bildung auch dann möglich, wenn die Trägerunternehmen mehrere Gemeinschaftsbetriebe mit derselben Trägergruppe führen?

Ja, wenn die Gruppe der Trägerunternehmen gemeinsam mehrere Gemeinschaftsbetriebe führt und alle oder einzelne Trägerunternehmen den Schwellenwert aufgrund der bei ihnen im Arbeitsverhältnis stehenden Arbeitnehmer nicht erfüllen. In entsprechender Anwendung des § 106 BetrVG ist auch in diesem Fall ein – einheitlicher – Wirtschaftsausschuss zu errichten (Fitting BetrVG § 106 Rn. 18a).

119. Gilt das auch dann, wenn nur in einem der Gemeinschaftsbetriebe ein Betriebsrat errichtet ist, in den anderen Gemeinschaftsbetrieben hingegen kein Betriebsrat existiert?

Ja, die Gründung eines Wirtschaftsausschusses ist unabhängig davon möglich, ob bei mehreren oder nur bei einem der Gemeinschaftsbetriebe ein Betriebsrat errichtet ist. Die Anzahl der Betriebsräte in einem Unternehmen ist allein relevant für die Frage der Existenz eines Gesamtbetriebsrats.

120. Kann ein Wirtschaftsausschuss auch gebildet werden, wenn ein Trägerunternehmen seinen Geschäftssitz im Ausland hat?

Ja, auch in grenzüberschreitenden Unternehmen kann ein Wirtschaftsausschuss gebildet werden, wenn im Inland mehr als 100 Arbeitnehmer beschäftigt sind und die inländischen Betriebe einer einheitlichen organisatorischen Leitung unterstehen.

121. Kann im Gemeinschaftsbetrieb ein eigener Wirtschaftsausschuss gebildet werden, wenn die Trägerunternehmen noch weitere Betriebe führen?

Nein, haben die Trägerunternehmen weitere Betriebe, wird bei jedem Unternehmen ein separater Wirtschaftsausschuss gebildet. Bei der Berechnung des Schwellenwertes nach § 106 Abs. 1 BetrVG zählen aber alle Arbeitnehmer des Gemeinschaftsbetriebs bei jedem Trägerunternehmen mit, und zwar unabhängig davon, zu welchen Trägerunternehmen die Arbeitsverhältnisse begründet sind (Fitting BetrVG § 106 Rn. 18b).

122. Ist der Betriebsrat im Gemeinschaftsbetrieb an der Bildung bereits bestehender Wirtschaftsausschüsse in den Trägerunternehmen zu beteiligten?

Ja, der Betriebsrat im Gemeinschaftsbetrieb ist auch an der Bildung eines bereits bestehenden Wirtschaftsausschusses in den Trägerunternehmen nach Maßgabe des § 107 Abs. 2 BetrVG zu beteiligen. Besteht bereits ein Gesamtbetriebsrat, hat der Betriebsrat die Möglichkeit, Mitglieder zu entsenden (→ *Frage 103: Werden Betriebsräte eines Gemeinschaftsbetriebs an der Bildung und Entsendung von Gesamtbetriebsräten der Trägerunternehmen beteiligt?*).

123. Ändern konzernrechtliche Verbindungen zwischen den Trägerunternehmen etwas an den zuvor dargestellten Grundsätzen?

Nein, grundsätzlich bewirkt eine konzernrechtliche Verbindung zwischen den Trägerunternehmen keine Besonderheiten für die Errichtung und Zuständigkeit eines Wirtschaftsausschusses, so dass auch hier die oben genannten Grundsätze Anwendung finden (Fitting BetrVG § 106 Rn. 18c). Eine Ausnahme sieht das BAG für den Fall, dass ein herrschendes Unternehmen und ein in seinem alleinigen Eigentum stehendes abhängiges Unternehmen nur einen Gemeinschaftsbetrieb führen, wenn alleine das herrschende Unternehmen mehr als 100 Arbeitnehmer beschäftigt. In diesem Fall soll ausschließlich bei dem herrschenden Unternehmen der Wirtschaftsausschuss zu bilden sein (BAG 22.3.2016 – 1 ABR 10/14).

VIII. Die Geltung von Tarifverträgen im Gemeinschaftsbetrieb

Durch Umstrukturierungen des Unternehmens können sich auch die tarifrechtlichen Verhältnisse verändern. In der Regel wird der Betrieb als Anknüpfungspunkt für die Regelungen des einschlägigen Tarifvertrages bestimmt. Der Gemeinschaftsbetrieb wird jedoch durch mindestens zwei Unternehmen gebildet. Die gemeinsame Führung eines Betriebs verändert nicht die tarifliche Stellung der jeweiligen Trägerunternehmen. Sie sind jeweils Arbeitgeber nach § 2 Abs. 1 TVG, als solche tariffähig und in der Lage, sich als Einzelner gegenüber einer anderen Tarifvertragspartei zu verpflichten. Dies kann dazu führen, dass Trägerunternehmen eines Gemeinschaftsbetriebs verschiedenen Verbänden angehören oder nur ein Trägerunternehmen tarifgebunden ist. Welcher Tarifvertrag für welchen Arbeitnehmer des Gemeinschaftsbetriebs gilt, ist von der Rechtsprechung nicht entschieden und wird von der einschlägigen Fachliteratur unterschiedlich beurteilt. Der folgende Beitrag soll dem Betriebsrat daher eine Handlungsempfehlung für die Arbeit in der Praxis geben.

124. Wann sind die tarifvertraglichen Verhältnisse im Gemeinschaftsbetrieb unproblematisch zu bestimmen?

Unproblematisch stellen sich die tarifvertraglichen Verhältnisse im Gemeinschaftsbetrieb dar, wenn die beteiligten Trägerunternehmen kraft Verbandsmitgliedschaft oder Allgemeinverbindlichkeitserklärung an denselben Tarifvertrag gebunden sind.

125. Welche problematischen Fallkonstellationen sind zu unterscheiden?

Es sind zwei problematische Fallkonstellationen zu unterscheiden. Bei der ersten Fallkonstellation sind beide Unternehmen an einen unterschiedlichen Tarifvertrag gebunden, so dass im Gemeinschaftsbetrieb zwei verschiedene Tarifverträge gelten. Bei der zweiten Fallkonstellation ist nur eines der Trägerunternehmen tarifgebunden.

126. Wann können in einem Gemeinschaftsbetrieb zwei verschiedene Tarifverträge gelten?

In einem Gemeinschaftsbetrieb können nur dann unterschiedliche Tarifverträge gelten, wenn die Trägerunternehmen zu verschiedenen Arbeitgeberverbänden gehören. Das wiederum ist dann der Fall, wenn es sich bei dem neu entstehenden Gemeinschaftsbetrieb um einen sog. Mischbetrieb handelt.

127. Was versteht man unter einem sog. Mischbetrieb?

Ein Mischbetrieb ist ein Betrieb, in dem verschiedene arbeitstechnische Zwecke nebeneinander verfolgt werden, die für sich gesehen jeweils verschiedenen Branchen angehören und somit unter unterschiedliche Branchentarifverträge fallen können. So handelt es sich beispielsweise bei einem Lebensmittelmarkt mit Backstube oder einem Kaufhaus mit Restaurant oder Café um einen Mischbetrieb.

128. Welche Formen der Tarifkollision gibt es?

Es sind zwei Arten der Tarifkollision zu unterscheiden: Die Tarifkonkurrenz und die Tarifpluralität.

129. Was bedeutet Tarifkonkurrenz?

Eine Tarifkonkurrenz ist anzunehmen, wenn die Normen verschiedener Tarifverträge für dasselbe Rechtsverhältnis Geltung beanspruchen. Voraussetzung hierfür ist, dass Arbeitnehmer und Arbeitgeber gleichzeitig an mehrere von verschiedenen Tarifvertragsparteien abgeschlossene Tarifverträge gebunden sind und somit mehrere Tarifverträge auf das gleiche Arbeitsverhältnis Anwendung finden.

130. Was bedeutet Tarifpluralität?

Tarifpluralität liegt vor, wenn der Betrieb des Arbeitgebers vom Geltungsbereich mindestens zweier miteinander kollidierender Tarifverträge erfasst wird und nur der Arbeitgeber an beide Tarifverträge gebunden ist, während für den jeweiligen Arbeitnehmer höchstens ein Tarifvertrag gilt.

131. Wie werden Tarifkonkurrenz und Tarifpluralität unabhängig vom Gemeinschaftsbetrieb aufgelöst?

Die Tarifkonkurrenz und die Tarifpluralität werden nach Ansicht des BAG identisch dahingehend aufgelöst, dass der speziellere Tarifvertrag den anderen verdrängt, der dadurch jeden Geltungsanspruch im Betrieb verliert (BAG 20.3.1991 – 4 AZR 455/90).

132. Wie wird eine Tarifkollision im Gemeinschaftsbetrieb gelöst?

Diese Frage ist nicht abschließend entschieden. Die einschlägige Fachliteratur unterscheidet zwischen Inhalts-, Abschluss- und Beendigungsnormen auf der einen Seite und Betriebs- und Betriebsverfassungsnormen auf der anderen Seite (vgl. Bonanni, Der gemeinsame Betrieb mehrerer Unternehmen, 2003, S. 272; Braner NZA 2007, 596).

133. Was gilt für Inhalts-, Abschluss- und Beendigungsnormen?

Die Literatur geht bei Inhalts-, Abschluss- und Beendigungsnormen davon aus, dass der Grundsatz der Tarifeinheit nicht gilt. Es liegt weder ein Fall der Tarifkonkurrenz noch der Tarifpluralität vor. Vielmehr soll es dabei bleiben, dass der jeweilige Arbeitgeber und der jeweilige Arbeitnehmer an die Bestimmungen des für ihn geltenden Tarifvertrags gebunden sind, denn Inhalts-, Abschluss- und Beendigungsnormen müssen nicht für alle Arbeitnehmer eines Gemeinschaftsbetriebs einheitlich gelten.

134. Was gilt bei Betriebs- und Betriebsverfassungsnormen?

Anders beurteilt die Literatur die Anwendbarkeit von Betriebs- und Betriebsverfassungsnormen. Diese Normen könnten nur einheitlich für alle im Betrieb Beschäftigten gelten, dh unabhängig davon, zu welchem Arbeitgeber ihr Arbeitsverhältnis konkret besteht. Hinsichtlich der Geltung von Betriebs- und Betriebsverfassungsnormen im Gemeinschaftsbetrieb bei unterschiedlicher Tarifbindung der beteiligten Unternehmen soll deshalb auf die Grundsätze zurückgegriffen werden, die für den Mischbetrieb gelten.

135. Welche Grundsätze hat das BAG für den Mischbetrieb aufgestellt?

Das BAG hat für den „normalen" Mischbetrieb den Grundsatz der Tarifeinheit aufgestellt. Nach dem Grundsatz der Tarifeinheit soll in einem Mischbetrieb für alle Arbeitnehmer derselbe Tarifvertrag gelten, wobei vorausgesetzt wird, dass trotz der unterschiedlichen Tätigkeiten die Einheitlichkeit des Betriebs gewahrt wird. Es soll der Tarifvertrag zur Anwendung kommen, der dem Betrieb räumlich, betrieblich, fachlich und persönlich am nächsten steht und deshalb den Erfordernissen und Eigenarten des Betriebs und der darin tätigen Arbeitnehmern am besten Rechnung trägt (BAG 20.3.1991 – 4 AZR 455/90).

136. Wie ist die Konstellation zu behandeln, in der nur ein Trägerunternehmen tarifgebunden ist und das andere Trägerunternehmen nicht?

Wenn nur ein Trägerunternehmen im Gemeinschaftsbetrieb tarifgebunden ist, dann gelten die tarifvertraglichen Regelungen auch nur für den Arbeitgeber und die Arbeitnehmer des tarifgebundenen Trägerunternehmens, denn die Einbeziehung des nicht tarifgebundenen Arbeitgebers in den Tarifvertrag stellt im Ergebnis einen Vertrag zu Lasten Dritter dar, welcher unzulässig ist.

Beispiel

Unternehmen A und Unternehmen B bilden einen Gemeinschaftsbetrieb. Unternehmen A hat einen Tarifvertrag über eine Vergütungsordnung abgeschlossen. Unternehmen B nicht.

Lösung: *Die Vergütungsordnung gilt nur für das Unternehmen A und für die beim Unternehmen A beschäftigten Arbeitnehmer. Für das Unternehmen B und dessen Arbeitnehmer gilt sie nicht. Der einheitliche Betriebsrat hat jedoch die Möglichkeit, von seinem Initiativrecht nach § 87 Abs. 1 Nr. 10 BetrVG Gebrauch zu machen, um mit dem Unternehmen B eine Vergütungsordnung zu verhandeln (vgl. BAG 12.12.2006 – 1 ABR 38/05).*

Praxistipp

Der Betriebsrat in einem Gemeinschaftsbetrieb hat die schwierige Aufgabe, unterschiedliche Arbeitsbedingungen zu harmonisieren, um für alle Arbeitnehmer bessere Arbeitsbedingungen zu vereinbaren. Die Arbeitgeberseite versucht teilweise, die unterschiedlichen Arbeitnehmerinteressen in einem Gemeinschaftsbetrieb gegeneinander auszuspielen. Dies sollte der Betriebsrat im Gemeinschaftsbetrieb nicht mitmachen. Gibt es keine tarifvertragliche Vergütungsordnung in einem Unternehmen, sollte der Betriebsrat sein Initiativrecht nach § 87 Abs. 1 Nr. 10, 11 BetrVG – notfalls unter Einschaltung einer Einigungsstelle – ausüben.

137. Können sich Trägerunternehmen in einem Gemeinschaftsbetrieb gegenseitig Arbeitnehmer nach dem AÜG überlassen?

Nein, das ist nicht möglich, denn die Arbeitnehmerüberlassung nach dem AÜG und die Feststellung des Vorliegens eines Gemeinschaftsbetriebs schließen sich aus. Es besteht entweder ein Gemeinschaftsbetrieb oder es liegt eine Arbeitnehmerüberlassung von einem Unternehmen zum anderen Unternehmen vor.

138. Warum schließen sich die beiden Rechtsinstitute aus?

In einem Gemeinschaftsbetrieb gibt es einen „gemeinsamen Personaleinsatz“. Bei der Arbeitnehmerüberlassung verbleibt die sog. personelle und soziale Leitungsmacht beim Vertragsarbeitgeber, allerdings wird die Weisungsmacht in arbeitstechnischer Hinsicht für die Dauer der Überlassung an den Entleiher (Einsatzunternehmen) abgegeben. Es findet also gerade kein gemeinsamer Personaleinsatz bei der Arbeitnehmerüberlassung statt (→ *Frage 7: Wann liegt ein gemeinsamer Einsatz von Arbeitnehmern vor?*).

Praxistipp

Seit einigen Jahren gibt es für die Arbeitgeberseite die Empfehlung zur Bildung eines Gemeinschaftsbetriebs, um die Höchstdauer der Arbeitnehmerüberlassung von derzeit 18 Monaten zu umgehen. Dabei wird besonders in den Fokus gestellt, dass in einem Gemeinschaftsbetrieb die Arbeitsbedingungen unterschiedlich gestaltet werden können, inklusive der Geltung unterschiedlicher Tarifverträge und des nicht bestehenden Gleichbehandlungsgrundsatzes. Gerade in solchen Konstellationen sollte der Betriebsrat im Gemeinschaftsbetrieb sein Initiativrecht bei der Ausgestaltung von sozialen Angelegenheiten nutzen. Besser sollte er noch vor der Errichtung eines solchen Gemeinschaftsbetriebs agieren.

IX. Tendenzschutz im Gemeinschaftsbetrieb

Das Rechtinstitut des Gemeinschaftsbetriebs kann unter Umständen mit anderen besonderen Erscheinungsformen zusammenfallen. Praktische Bedeutung erlangt das Zusammentreffen von Tendenzschutz iSd § 118 BetrVG in einem sog. Tendenzgemeinschaftsbetrieb. Allein im karitativen Bereich unterfällt eine sehr große Anzahl von Arbeitsverhältnissen den Besonderheiten des Tendenzschutzes. Treffen in der Praxis Tendenzschutz und Gemeinschaftsbetrieb aufeinander, so führt dies zu einer Reihe scheinbarer Probleme, welche im Folgenden aufgelöst werden.

139. Was versteht man unter einem sog. „Tendenzgemeinschaftsbetrieb"?

Ein sog. „Tendenzgemeinschaftsbetrieb" ist ein Gemeinschaftsbetrieb, der entweder aus zwei Tendenzunternehmen mit jeweils einem Betrieb oder aus einem Tendenzunternehmen und einem tendenzfreien Unternehmen gebildet wurde.

Beispiel

Die gemeinnützige Krankenhaus GmbH gliedert ihren Hol- und Bringdienst auf eine eigenständige GmbH aus, ohne jedoch hierfür eigenständige Personalführungsstrukturen zu schaffen, so dass von einem Gemeinschaftsbetrieb auszugehen ist.

140. Welcher Arbeitgeber kann sich in einem Gemeinschaftsbetrieb auf den Tendenzschutz berufen?

Alle Arbeitgeber eines tendenzgeschützten Unternehmens dürfen sich vollumfänglich auf den Tendenzschutz berufen. Bilden sie einen Gemeinschaftsbetrieb, dann gilt der Tendenzschutz, wenn der Betrieb unmittelbar und überwiegend den in § 118 Abs. 1 BetrVG genannten geistig-ideellen Zielsetzungen dient.

141. Inwieweit unterscheidet sich der Tendenzschutz im sog. „Tendenzgemeinschaftsbetrieb"?

Hinsichtlich der Reichweite des Tendenzschutzes im Tendenzgemeinschaftsbetrieb ist nach den verschiedenen Beteiligungsrechten zu differenzieren:

- Überall dort, wo die Beteiligungsrechte nur in Bezug auf Tendenzträger und tendenzbezogene Maßnahmen eingeschränkt werden, ergeben sich für den Tendenzgemeinschaftsbetrieb keine Besonderheiten. Das gilt insbesondere für die Mitbestimmung in sozialen Angelegenheiten gem. § 87 BetrVG, in personellen Einzelmaßnahmen gem. § 99 BetrVG oder bei allgemeinen personellen Angelegenheiten und Berufsbildung gem. §§ 92–98 BetrVG. Insoweit kann auf die Arbeitshilfe „Der Betriebsrat im Tendenzbetrieb" verwiesen werden.
- Anders ist es bei den Beteiligungsrechten, die für den gesamten Betrieb gelten. In diesen Fällen kann eine Teilung nicht vorgenommen werden. Entweder unterfällt der gesamte Tendenzgemeinschaftsbetrieb dem Tendenzschutz oder nicht. Dies ist insbesondere bei den Beteiligungs- und Unterrichtungsrechten in wirtschaftlichen Angelegenheiten anzunehmen.

142. Welche Regelungen gelten im „Tendenzgemeinschaftsbetrieb" bei der Mitbestimmung in wirtschaftlichen Angelegenheiten?

Die Mitbestimmung in wirtschaftlichen Angelegenheiten in einem „Tendenzgemeinschaftsbetrieb" bemisst sich danach, ob der Tendenzgemeinschaftsbetrieb unmittelbar und überwiegend den geistig-ideellen Zielen des § 118 Abs. 1 BetrVG entspricht. Ist das der Fall, finden die Vorschriften für die Errichtung des Wirtschaftsausschusses nach §§ 106–110 BetrVG keine Anwendung. Die Mitbestimmung bei Betriebsänderungen nach §§ 111–113 BetrVG besteht für den Tendenzgemeinschaftsbetrieb nur eingeschränkt.

Muster

Muster 1: Klagerubrum für die Feststellung eines Gemeinschaftsbetriebs nach § 18 Abs. 2 BetrVG

Antrag in dem Beschlussverfahren

mit den Beteiligten

1. der Betriebsrat des Unternehmens ……, vertreten durch die Betriebsratsvorsitzende ……, Adresse ……,

– **Antragsteller und Beteiligter zu 1.)** –

Verfahrensbevollmächtigte: ……

2. der gemeinsame Betrieb mehrerer Unternehmen bestehend aus

a) der …… GmbH, vertreten durch die/den Geschäftsführer ……, Adresse …… und

– **Beteiligter zu 2.)** –

b) der …… GmbH, vertreten durch die/den Geschäftsführer ……, Adresse ……,

– **Beteiligter zu 3.)** –

wegen: Feststellung eines Gemeinschaftsbetriebs nach § 1 Abs. 1 S. 2, Abs. 2 BetrVG

leiten wir Namens und im Auftrag des Antragssteller ein Beschlussverfahren nach § 18 Abs. 2 BetrVG ein. In der mündlichen Verhandlung werden wir beantragen

festzustellen, dass die Betriebsstätte der Beteiligten zu 2) in …… und die Betriebsstätte der Beteiligten zu 3) in …… ein gemeinsamer Betrieb im Sinne von § 1 Abs. 1 S. 2, Abs. 2 BetrVG sind.

Begründung:

……

Muster 2: Schwellenwerte

Recht	Welche Arbeitnehmer zählen für den jeweiligen Schwellenwert?
Wahl des Betriebsrats (§§ 7 ff. BetrVG)	Gesamtzahl der im Gemeinschaftsbetrieb in der Regel beschäftigten wahlberechtigten Arbeitnehmer
Arbeitsgruppen (§ 28a BetrVG)	Gesamtzahl der im Gemeinschaftsbetrieb in der Regel beschäftigten Arbeitnehmer
Freistellung (§ 38 BetrVG)	Gesamtzahl der im Gemeinschaftsbetrieb in der Regel beschäftigten Arbeitnehmer
Wahl der JAV (§ 62 BetrVG)	Gesamtzahl der im Gemeinschaftsbetrieb in der Regel beschäftigten wahlberechtigten Arbeitnehmer iSd § 60 Abs. 1 BetrVG
Auswahlrichtlinie (§ 95 BetrVG)	Gesamtzahl der im Gemeinschaftsbetrieb in der Regel beschäftigten Arbeitnehmer
Ein- und Umgruppierung (§ 99 BetrVG)	Beschäftigungszahlen des Vertragsarbeitgebers
Einstellung und Versetzung (§ 99 BetrVG)	Gesamtzahl der im Gemeinschaftsbetrieb in der Regel beschäftigten Arbeitnehmer
Bildung eines Wirtschaftsausschusses (§ 106 Abs. 1 S. 1 BetrVG)	Gesamtzahl der im Gemeinschaftsbetrieb in der Regel beschäftigten Arbeitnehmer
Unterrichtungs- und Beratungsrechte iRd §§ 111 ff. BetrVG	Gesamtzahl der im Gemeinschaftsbetrieb in der Regel beschäftigten Arbeitnehmer
Wesentlicher Betriebsteil (§ 111 BetrVG)	Gesamtzahl der im Gemeinschaftsbetrieb in der Regel beschäftigten Arbeitnehmer
Interessenausgleich (§§ 111, 112 BetrVG)	Gesamtzahl der im Gemeinschaftsbetrieb in der Regel beschäftigten Arbeitnehmer
Sozialplan (§ 112 BetrVG)	Beschäftigungszahlen des Vertragsarbeitgebers
Erzwingbarer Sozialplan (§ 112a BetrVG)	Gesamtzahl der im Gemeinschaftsbetrieb in der Regel beschäftigten Arbeitnehmer
Massenentlassungsanzeige (§ 17 KSchG)	Gesamtzahl der im Gemeinschaftsbetrieb in der Regel beschäftigten Arbeitnehmer

Muster 3: Übersicht über die Auswirkungen der nachträglichen Errichtung eines Gemeinschaftsbetriebs

Sachverhalt	Auswirkungen auf den Betriebsrat	Geltung von Betriebsvereinbarungen?
Zusammenlegung mehrerer Betriebe zu einem Gemeinschaftsbetrieb	Drei Stufen: · Amt der Betriebsräte aller zusammengelegten Betriebe endet · Übergangsmandat für Betriebsrat des größten Betriebs (§ 21a BetrVG) · Eventuell Neuwahl	Weitergeltung denkbar, wenn · der Ursprungsbetrieb als organisatorisch abgrenzbare Einheit fortbesteht · die Betriebsvereinbarung weiterhin eindeutig bestimmten Arbeitnehmern zugeordnet werden kann
Eingliederung eines Betriebs in einen anderen und Fortführung des aufnehmenden Betriebs als Gemeinschaftsbetrieb	Drei Stufen: · Amtszeit des Betriebsrats des eingegliederten Betriebs endet; Ausnahme: Übergangsmandat (§ 21a BetrVG), wenn es im aufnehmenden Betrieb keinen Betriebsrat gibt · Betriebsrat des aufnehmenden Betriebs wird für gesamten Gemeinschaftsbetrieb zuständig · Eventuell Neuwahlen (§ 13 Abs. 2 Nr. 1 BetrVG)	Weitergeltung denkbar, wenn · der Ursprungsbetrieb als organisatorisch abgrenzbare Einheit fortbesteht · die Betriebsvereinbarung weiterhin eindeutig bestimmten Arbeitnehmern zugeordnet werden kann
Abspaltung eines Betriebs und Fortführung des Gemeinschaftsbetriebs	· Betriebsrat bleibt im Amt · Ggf. Neuwahlen nach § 13 Abs. 2 Nr. 1 BetrVG	
Übertragung eines Betriebsteils auf einen neuen Inhaber und Fortführung des gesamten Betriebs als Gemeinschaftsbetrieb	Betriebsrat bleibt im Amt	Unveränderte Geltung im Gemeinschaftsbetrieb

Muster 4: Adressat der Beteiligungsrechte

Gegenstand des Rechts		BetrVG	Adressat des Mitbestimmungsrechts
Erstellen einer Wählerliste		§ 2 Abs. 2 WO	Betriebsarbeitgeber
Kosten der Betriebsratsarbeit			
	Kosten für die Betriebsratstätigkeit einzelner Mitglieder (zB Freistellung; Teilnahme an Schulungen)	§§ 37, 40 BetrVG	Vertragsarbeitgeber
	Allgemeine Kosten (zB Büro, Personal, Sachmittel, Sachverständige)	§ 40 BetrVG	Betriebsarbeitgeber [= Betriebsleiter des Gemeinschaftsbetriebs]
Freistellung		§ 38 BetrVG	Vertragsarbeitgeber
Soziale Angelegenheiten (§ 87 BetrVG)			
		§ 87 Abs. 1 Nr. 1, Nr. 2, Nr. 6, Nr. 7 und Nr. 8 BetrVG	Betriebsarbeitgeber
		§ 87 Abs. 1 Nr. 4, Nr. 5 und Nr. 10 BetrVG	Vertragsarbeitgeber
Ein- und Umgruppierung (§ 99 BetrVG)			Vertragsarbeitgeber
Einstellung und Versetzung (§ 99 BetrVG)			Vertragsarbeitgeber
Anhörung bei einer Kündigung		§ 102 BetrVG	Vertragsarbeitgeber
Maßnahmen iSd §§ 111 ff. BetrVG			
	Unterrichtungs- und Beratungsrechte	§ 111 BetrVG	Betriebsarbeitgeber
	Interessenausgleich	§ 112 BetrVG	Betriebsarbeitgeber
	Sozialplan	§ 112 BetrVG	Vertragsarbeitgeber
Sozialauswahl bei betriebsbedingter Kündigung (§ 1 KSchG)			Grds. „Betriebsarbeitgeber" Ausnahme: Gemeinschaftsbetrieb besteht faktisch bei Ablauf der Kündigungsfrist nicht mehr

Muster 5: Klagerubrum am Beispiel eines Einigungsstelleneinsetzungsverfahrens

Einigungsstelleneinsetzungsverfahren gem. § 100 ArbGG

mit den Beteiligten

1. der Betriebsrat des gemeinsamen Betriebs der Unternehmen xx GmbH und yy GmbH, vertreten durch die Betriebsratsvorsitzende ……, Adresse ……,

– Antragsteller und Beteiligter zu 1.) –

Verfahrensbevollmächtigte: ……

2. die xx GmbH, vertreten durch die/den Geschäftsführer ……, Adresse ……,

– Beteiligter zu 2.) –

3. und der yy GmbH, vertreten durch die/den Geschäftsführer ……, Adresse ……,

– Beteiligter zu 3.) –

wegen: Einigungsstelleneinsetzungsverfahren zum Thema ……

Namens und im Auftrag des Antragsstellers leiten wir ein Beschlussverfahren nach § 100 ArbGG ein und beantragen:

……

Muster 6: Beschlussfassung: Entsendung eines Betriebsratsmitglieds zur Schulung „Gemeinschaftsbetrieb – Gründung und Mitbestimmung"

Der Betriebsrat der ......, vertreten durch seine Vorsitzende ......, stellt zur Beschlussfassung, das Betriebsratsmitglied ...... zur Schulungsveranstaltung „Gemeinschaftsbetrieb – Gründung und Mitbestimmung" zu entsenden.

Die Schulungsveranstaltung findet vom ...... bis zum ...... in ...... statt und wird von ...... durchgeführt. Die Kosten der Schulung betragen ...... EUR bzgl. notwendiger Reisekosten wie Fahrt- und Übernachtungskosten.

Der Seminarinhalt lag dem Betriebsrat bei der Beschlussfassung vor. Auf der Basis dessen hat der Betriebsrat die Schulung für erforderlich gehalten.

Gemäß § 37 Abs. 6 iVm § 40 BetrVG ist der Arbeitgeber verpflichtet, die Mitglieder des Betriebsrats für die Teilnahme an Schulungs- und Bildungsveranstaltungen von ihrer arbeitsvertraglichen Tätigkeit freizustellen sowie die Kosten der Schulung zu tragen, soweit diese Kenntnisse vermitteln, die für die Arbeit des Betriebsrats erforderlich sind. Nach der Rechtsprechung des BAG ist die Vermittlung von Kenntnissen erforderlich, wenn diese unter Berücksichtigung der konkreten Verhältnisse im Betrieb und im Betriebsrat notwendig sind, damit der Betriebsrat seine gegenwärtigen oder in naher Zukunft anstehenden Aufgaben sach- und fachgerecht erfüllen kann.

Das ist vorliegend der Fall, weil ....

Die betrieblichen Notwendigkeiten wurden bei der Festlegung der zeitlichen Lage der Schulungsveranstaltung berücksichtigt.

Muster 7: Musteranschreiben an den Arbeitgeber zur Schulung „Gemeinschaftsbetrieb – Gründung und Mitbestimmung"

Sehr geehrte/r ......,

der Betriebsrat hat auf seiner Sitzung vom ...... beschlossen, das Betriebsratsmitglied/die Betriebsratsmitglieder ...... auf die Schulung „Gemeinschaftsbetrieb – Gründung und Mitbestimmung" zu entsenden.

Die Schulungsveranstaltung wird durchgeführt von ...... und findet am ...... in ...... statt. Die Kosten der Schulung betragen ...... EUR zzgl. notwendiger Reisekosten wie Fahrt- und Übernachtungskosten.

Den Seminarinhalt können sie aus der beigefügten Anlage entnehmen.

Die Schulung vermittelt Kenntnisse, die für die Arbeit des Betriebsrats erforderlich sind. Das ist vorliegend der Fall, weil es sich bei der Betriebsstätte um einen gemeinsamen Betrieb mehrerer Unternehmen handelt. Der Betriebsrat benötigt für die erfolgreiche Wahrnehmung der Interessen der Arbeitnehmer des gemeinsamen Betriebs mehrerer Unternehmen ein umfassendes Fachwissen in Bezug auf den Inhalt und die Anwendung der einzelnen Mitbestimmungsrechte, welches nur durch den Besuch von Spezialseminaren vermittelt werden kann.

Nach § 37 Abs. 6 iVm § 40 BetrVG ist der Arbeitgeber verpflichtet, die erforderlichen Kosten zu übernehmen.

Der Betriebsrat hat eine unverbindliche Reservierung für die Schulung vorgenommen. Wir bitten Sie, die von uns vorausgefüllte Anmeldung bis zum ...... unterschrieben zurückzusenden, so dass wir die verbindliche Anmeldung vornehmen können.

Mit freundlichen Grüßen

Betriebsratsvorsitzende

Muster 8: Auflösung eines Gemeinschaftsbetriebs

Sachverhalt	Bleibt die Betriebsidentität erhalten?	Folgen für den Bestand des Betriebsrats	Folgen für das einzelne Betriebsratsmitglied
Aufhebung der gemeinsamen Führungsvereinbarung und Fortführung des gesamten Betriebs durch einen/ mehrere Arbeitgeber	Ja	Betriebsrat bleibt im Amt	Betriebsratsmitglied bleibt im Betriebsrat
Aufhebung der gemeinsamen Führungsvereinbarung und teilweise Fortführung des Betriebs durch einen/mehrere Arbeitgeber sowie Stilllegung eines Betriebsteils	Ja	Betriebsrat bleibt im Amt eventuell Neuwahl (§ 13 Abs. 2 Nr. 1 und 2 BetrVG)	Betriebsratsmitglied bleibt zunächst im Betriebsrat, wenn sein Arbeitgeber den Gemeinschaftsbetrieb fortführt.
Fortführung des Gemeinschaftsbetriebs, aber Ausgliederung eines Betriebsteils und Fortführung dieses Betriebsteils durch einen Arbeitgeber	Ja	Betriebsrat bleibt (zunächst) im Amt eventuell Neuwahl (§ 13 Abs. 2 Nr. 1 und 2 BetrVG) Übergangsmandat für ausgegliederten Betriebsteil (§ 21a BetrVG)	Betriebsratsmitglied bleibt zunächst im Betriebsrat
Getrennte Fortführung einzelner Betriebsbereiche durch verschiedene Arbeitgeber	Nein	Amt des Betriebsrats endet Übergangsmandat (§ 21a BetrVG)	Mandat der einzelnen Mitglieder

Muster 9: Anschreiben an gebildeten GBR

Der Betriebsrat des gemeinsamen Betriebs der Unternehmen xx GmbH und yy GmbH des Standortes ......

An den Gesamtbetriebsrat des Unternehmens xx GmbH ......

Ort ......, Datum ......

Betr.: Entsendung von Mitgliedern in den Gesamtbetriebsrat der xx GmbH

Liebe Kolleginnen und Kollegen,

wir benennen die folgenden Mitglieder und Ersatzmitglieder für den Gesamtbetriebsrat der xx GmbH:

Herr/Frau ...... (erstes Ersatzmitglied: Herr/Frau ......; zweites Ersatzmitglied: Herr/Frau ......)

Herr/Frau ...... (erstes Ersatzmitglied: Herr/Frau ......; zweites Ersatzmitglied: Herr/Frau ......)

Mit freundlichen Grüßen

____

(Betriebsratsvorsitzende/r)

Muster 10: Geschäftsordnung eines Betriebsrats im Gemeinschaftsbetrieb

Geschäftsordnung des Betriebsrats des Gemeinschaftsbetriebs der xx GmbH und yy GmbH

Der Betriebsrat hat in seiner Sitzung am ...... die nachfolgende Geschäftsordnung gemäß § 36 BetrVG beschlossen. Bei der Formulierung dieser Geschäftsordnung wird aus sprachlicher Vereinfachung für unterschiedliche Begriffe die männliche Anredeform verwendet, selbstverständlich sind alle Personen jedes Geschlechts aus dieser Geschäftsordnung berechtigt und verpflichtet.

§ 1 Zweck

Diese Geschäftsordnung (GO) dient der gesetzlich zulässigen Ausgestaltung und den notwendigen Ergänzungen der gesetzlichen Bestimmungen des Betriebsverfassungsgesetzes (BetrVG); ist in dieser GO keine anderslautende Bestimmung getroffen, gelten die gesetzlichen Regelungen des BetrVG.

§ 2 Geltungsdauer

1. Diese Geschäftsordnung tritt am ...... in Kraft.
2. Sie kann jederzeit mit den Stimmen der Mehrheit der Mitglieder des Betriebsrats (absolute Mehrheit) aufgehoben oder abgeändert werden. Auch ohne Aufhebung oder Abänderung kann der Betriebsrat in Einzelfällen durch Beschluss von ihr abweichen, vorausgesetzt, dass dieser Beschluss die Mehrheit der Stimmen der Betriebsratsmitglieder (absolute Mehrheit) erhält.
3. Die Geschäftsordnung tritt spätestens mit Ablauf der Amtsperiode des derzeitigen Betriebsrats außer Kraft.

§ 3 Vertretung des Betriebsrats

1. Gemäß § 26 Abs. 2 BetrVG vertritt der Betriebsratsvorsitzende den Betriebsrat im Rahmen der gefassten Beschlüsse und hinsichtlich der Entgegennahme von Erklärungen, die dem Betriebsrat gegenüber abzugeben sind. Darüber hinaus ist er auch befugt, Erklärungen anderer Art sowie Mitteilungen und Beschwerden für den Betriebsrat entgegenzunehmen.

2. Der Betriebsratsvorsitzende ist unter Einbeziehung mindestens eines weiteren Betriebsratsmitglieds berechtigt, im Hinblick auf die vom Betriebsrat kraft Gesetzes zu erledigenden Aufgaben vorbereitende Gespräche mit dem Arbeitgeber zu führen. Über das Ergebnis dieser Gespräche ist der Betriebsrat unverzüglich zu unterrichten.
3. Ist ein freigestelltes BR-Mitglied länger als 2 Tage abwesend, kann der Vorsitzende eine Ersatzfreistellung nach § 37 Abs. 2 und/oder § 38 Abs. 1 BetrVG einleiten.
4. Im Falle der Verhinderung des Betriebsratsvorsitzenden übernimmt der Stellvertreter die Aufgaben des Vorsitzenden.
5. Sind Vorsitzender und Stellvertreter verhindert, so sind die nachfolgenden Betriebsratsmitglieder in der nachfolgend angegebenen Reihenfolge der Wahlniederschrift als Vertreter bestimmt; diese Reihenfolge ist:

   ......

   ......

   ......

§ 4 Betriebsausschuss

1. Gemäß § 27 BetrVG ist ein aus ...... Mitgliedern bestehender Betriebsausschuss (BA) zu bilden. Der Betriebsausschuss führt die laufenden Geschäfte des Betriebsrats. Sofern dem Betriebsrat Mitglieder der unterschiedlichen Unternehmen des Betriebes angehören, sollen die Mitglieder des BA aus allen Unternehmen stammen.
2. Zu der laufenden Geschäftsführung gehört insbesondere die Vorbereitung der beabsichtigten Beschlüsse sowie von Betriebsratssitzungen, Einholung von Auskünften, Beschaffung von Unterlagen, Besprechungen mit Vertretern der im Betrieb vertretenden Gewerkschaften, Vorbesprechung mit dem Arbeitgeber, Erstellen von Entwürfen von Betriebsvereinbarungen, ggf. Durchführung von Beschlüssen des BR, Entgegennahme von Anträgen der Arbeitnehmer, Voruntersuchungen über die Berechtigung von Beschwerden oder Anregungen von Arbeitnehmern, Vorbereitung der Betriebs- und Abteilungsversammlungen, anfallender Schriftwechsel, Organisation der Beschaffung von sachlichen Mitteln sowie Informations- und Kommunikationstechnik.
   Dabei soll die Ausführung von zeitintensiven Aufgaben des Betriebsausschusses weitestgehend durch die freigestellten Mitglieder erfolgen.
   Über den Rahmen der laufenden Geschäftsführung hinaus überträgt der Betriebsrat dem Betriebsausschuss folgende Aufgaben zur selbständigen Erledigung nach § 27 Abs. 2 S. 2 BetrVG:
   - Mitbestimmungsverfahren bei personellen Einzelmaßnahmen in Form von Einstellungen, Versetzungen und Ein- und Umgruppierungen nach § 99 BetrVG
   - Mitbestimmungsverfahren bei vorläufigen personellen Maßnahmen nach § 100 BetrVG
   - Schichtverlagerungen entsprechend der BV ......
   - Mehrarbeitsanträge entsprechend des TV ......
   - Arbeitszeitänderung entsprechend der BV ....
3. Die dem Betriebsausschuss übertragenen Aufgaben kann der Betriebsrat jederzeit an sich ziehen. Dabei ist jedoch zu beachten, dass die Entziehung der dem Betriebsausschuss zur selbständigen Erledigung übertragenen Aufgaben der Schriftform und der Zustimmung der qualifizierten Mehrheit der Betriebsratsmitglieder bedarf.
4. Der Abschluss von Betriebsvereinbarungen obliegt dem Betriebsrat.

§ 5 Weitere Ausschüsse und Zuständigkeiten

1. Gemäß § 28 BetrVG werden folgende weitere Ausschüsse gebildet:

   A. Ausschuss für Arbeits- und Gesundheitsschutz:

   ......

   Die nachfolgenden Aufgaben des Ausschusses für Arbeits- und Gesundheitsschutz werden ihm zur selbständigen Erledigung übertragen:
   - Vorbereitung von tarifvertraglichen Regelungen zum Arbeits- und Gesundheitsschutz,
   - Änderungen und/oder Ergänzungen von Gefährdungsbeurteilungen im Rahmen der BV Gefährdungsbeurteilungen,
   - Sichtung von Messprotokollen und anderen Unterlagen der Berufsgenossenschaft,

- Sichtung und Begehungen von Sozialeinrichtungen, Arbeitsplätzen und sonstigen Plätzen und Räumlichkeiten,
- Gespräche mit der Berufsgenossenschaft und anderen Dritten im Rahmen des Arbeits- und Gesundheitsschutzes,
- Vor- und Nachbereitungen des ASA Ausschusses nach § 11 ArbSichG und
- Überprüfung der beschlossenen Maßnahmen.

2. Durch gesonderte Beschlüsse werden Mitglieder des Betriebsrats in die einzelnen GBRs der entsandt. Dabei sollen grds. die in den jeweiligen GBR entsandten Mitglieder dem jeweiligen Vertragsarbeitgeber entstammen, ebenso die Ersatzmitglieder.
   Die Ersatzmitglieder können bei der jeweiligen Verhinderung auch das andere Mitglied bei Verhinderung ersetzen.

§ 6 Zeitpunkt der Betriebsratssitzung

1. In der Regel findet **alle 14 Tage montags** um **8:30** Uhr bis **14:00** Uhr im Besprechungsraum des Betriebsrats (Betriebsratsbüro) eine **Betriebsratssitzung** statt. Soweit die Voraussetzungen nach § 10a dieser GO vorliegen, können diese Sitzungen über MS Teams-Video- und/oder Telefonsitzungen erfolgen.
2. Wer teilnahmeberechtigt ist, ergibt sich aus § 7 der Geschäftsordnung. Die vorläufige Tagesordnung wird rechtzeitig vor der nächsten Betriebsratssitzung den Teilnahmeberechtigten textlich mitgeteilt, indem der Vorsitzende die Tagesordnung auf das sog. ......-Laufwerk als PDF-Datei ablegt.
3. Jedes Betriebsratsmitglied kann einen Antrag auf Abänderung der Tagesordnung stellen, über den der Betriebsrat zu beschließen hat. Im Übrigen gelten die gesetzlichen Regelungen (§§ 29 Abs. 3 und 67 BetrVG).
4. In dringenden Fällen kann der Betriebsratsvorsitzende, im Falle seiner Verhinderung sein Stellvertreter und im Falle seiner Verhinderung jedes BA-Mitglied bei Bedarf eine außerordentliche Betriebsratssitzungen einberufen. Die Einladung hat rechtzeitig unter Bekanntgabe der Tagesordnung zu erfolgen. Die Einladung bedarf nicht der Textform.

§ 7 Teilnahmeberechtigung

1. Außer Betriebsratsmitgliedern bzw. geladenen Ersatzmitgliedern sind folgende Personen bzw. Gremien teilnahmeberechtigt:
   - der Beauftragte der **Jugendvertretung** (§ 67 Abs. 1 BetrVG)
   - der **Vertrauensmann/-frau der Schwerbehinderten** (§ 32 BetrVG)

   Zu den Sitzungen bzw. Tagesordnungspunkten, die besonders jugendliche Arbeitnehmer betreffen, hat die gesamte Jugendvertretung ein Teilnahmerecht (§ 67 Abs. 1 BetrVG)
2. Jeder Arbeitgeber und der Vertreter der Arbeitgebervereinigung haben nur im Rahmen des § 29 Abs. 4 BetrVG und die Gewerkschaft dann ein Teilnahmerecht, wenn die Voraussetzungen des § 31 BetrVG gegeben sind.
3. Der Betriebsrat kann darüber hinaus Arbeitnehmer des Betriebes und – soweit dies zur ordnungsgemäßen Erfüllung seiner Aufgaben erforderlich ist – auch Sachverständige und Rechtsvertretungen zu der Betriebsratssitzung hinzuziehen.
4. Sind Betriebsratsmitglieder oder geladene Ersatzmitglieder an der Teilnahme an einer Betriebsratssitzung (auch zeitweise) verhindert, so sind sie verpflichtet, dem BR-Vorsitzenden unverzüglich hiervon Mitteilung zu machen. Der BRV hat dann das zuständige Ersatzmitglied einzuladen.
5. Als Verhinderungsgründe kommen in Betracht:
   Krankheit, Urlaub, Kuraufenthalt, Montage, Dienstreise, Kurzarbeit, Teilnahme an Schulungsmaßnahmen, Teilnahme an Veranstaltungen öffentlicher und staatlicher Institutionen, Mitarbeit in Projektgruppen im Auftrag des Betriebsrats, Gleitzeitabbau ganztägig, Elternzeit, Beschäftigungsverbote nach dem Mutterschutzgesetz oder ähnliches.
   Dringende betriebliche Aufgaben rechtfertigen grundsätzlich nicht den Tatbestand der Verhinderung.
6. Bei unentschuldigtem Fehlen hat der Betriebsrat entsprechende Sanktionen einzuleiten:
   - Aussprache
   - Betriebsverfassungsrechtliche Abmahnung
   - Ausschlussverfahren nach § 23 BetrVG

§ 8 Verlauf der Betriebsratssitzung

1. Der Betriebsratsvorsitzende eröffnet und leitet die Betriebsratssitzung.
2. Werden Anträge auf Abänderung oder Ergänzung der Tagesordnung gestellt, so ist darüber zu beschließen.
3. Zu jedem Tagesordnungspunkt hat der Betriebsratsvorsitzende zunächst eine kurze Erläuterung zu geben. Danach eröffnet er die Diskussion, indem er um Wortmeldung bittet. Er erteilt das Wort in der Reihenfolge der Wortmeldungen. Wird nicht zur Sache oder unsachlich gesprochen, kann er das Wort entziehen. Liegen keine weiteren Wortmeldungen vor, hat er die Diskussion zu schließen. Jeder Sitzungsteilnehmer kann einen Antrag auf Beendigung der Diskussion stellen. In diesem Falle ist durch Beschluss zu entscheiden. Nach Beendigung der Diskussion hat der Betriebsratsvorsitzende die Beschlussfassung über den betreffenden Tagesordnungspunkt einzuleiten. Der Betriebsratsvorsitzende soll darauf achten, dass im Verlauf der Sitzung nach jeweils ca. 1 Stunde eine Pause von max. 10 Minuten eingelegt und in der Zeit von in der Regel 11:30 Uhr bis 12:00 Uhr die Mittagspause eingehalten wird.

§ 9 Beschlussfähigkeit

Bevor der Betriebsrat einen Beschluss fasst, hat der Betriebsratsvorsitzende die Beschlussfähigkeit festzustellen. Es genügt nicht, dass zu Beginn der Sitzung die Beschlussfähigkeit geprüft wird. Vielmehr muss unmittelbar vor jeder Beschlussfassung die Beschlussfähigkeit festgestellt werden. Der Betriebsrat ist beschlussfähig, wenn **mindestens die Hälfte** der Betriebsratsmitglieder bzw. im Falle der Verhinderung die entsprechenden Ersatzmitglieder an der Beschlussfassung teilnehmen (§ 33 Abs. 2 BetrVG). Nimmt die Jugendvertretung an der Sitzung teil, so ist das für die Beschlussfähigkeit ohne Bedeutung.

§ 10 Beschlussfassung

1. Beschlüsse werden – soweit das Gesetz nichts anderes bestimmt – mit der Stimmen der anwesenden Mitglieder (*einfache Mehrheit*) gefasst (§ 33 Abs. 1 BetrVG), Mitglieder, die nach § 10a dieser GO mittels Video- und Telefonkonferenz an der Beschlussfassung teilnehmen, gelten als anwesend. Bei Stimmengleichheit ist der Antrag abgelehnt. Nach § 67 Abs. 2 BetrVG haben alle anwesenden Jugendvertreter dann ein Stimmrecht, wenn es sich um einen Beschluss handelt, der überwiegend jugendliche Arbeitnehmer betrifft.
2. Beschlüsse können über die Themen gefasst werden, die in der Tagesordnung als Tagesordnungspunkte enthalten sind. Stehen mehrere alternative Anträge zur Abstimmung, wird über jeden Antrag einzeln abgestimmt.
3. Die Stimmabgabe bei der Beschlussfassung erfolgt grundsätzlich durch Handzeichen. Stellt jedoch ein Betriebsratsmitglied Antrag auf geheime Abstimmung, muss dem Antrag ohne Diskussion entsprochen werden. Besonderes zur Video- und Telefonkonferenz ist in § 10a dieser GO geregelt.
4. In Anwesenheit des Arbeitgebers darf nicht abgestimmt werden.
5. In eigener Sache darf ein Betriebsratsmitglied nicht abstimmen, es sei denn, es handelt sich um die Konstituierung des Betriebsrats oder eines Ausschusses im Sinne von §§ 27 bzw. 28 BetrVG. An seiner Stelle nimmt das zuständige Ersatzmitglied sowohl an der Beratung als auch an der Abstimmung teil; jedoch muss das Betriebsratsmitglied in eigener Sache gehört werden.

§ 10a Video- und Telefonkonferenz

1. Voraussetzungen für die Einberufung einer Betriebsratssitzung in Form einer Telefon- oder Videokonferenz

a. Über die Durchführung der Sitzung in Form einer MS Teams-Video- oder Telefonkonferenz entscheidet der Vorsitzende nach pflichtgemäßem Ermessen.
b. Bei der Ermessensentscheidung nach Abs. 1 ist die grundsätzliche Verpflichtung zur Einladung zu einer Präsenzsitzung zu berücksichtigen. Für die Durchführung einer Sitzung mit Beschlussfassung im Rahmen einer Videokonferenz bedarf es daher immer eines sachlichen Grundes (zB öffentlich-rechtliche Kontaktbeschränkungen, (teilweise) Schließung des Betriebs, dienstlich bedingte Abwesenheit).

c. Alle teilnahmeberechtigten Personen der Sitzungen des Betriebsrats müssen technisch die Möglichkeit zur Teilnahme an der Sitzung unter Einhaltung der geltenden datenschutzrechtlichen Bestimmungen haben. Der Arbeitgeber hat allen teilnahmeberechtigten Personen des Unternehmens die erforderlichen Arbeitsmittel (zB Laptop) zur Verfügung zu stellen.
d. Betriebsratsmitglieder und sonstige teilnahmeberechtigte Personen, denen nach eigener Einschätzung die Teilnahme an einer Präsenssitzung und/oder die Anreise nicht zumutbar sind, können einer Präsenzsitzung des Betriebsrats im Rahmen einer Videokonferenz zugeschaltet werden. Der Betroffene soll dem Vorsitzenden nach Möglichkeit mindestens drei Arbeitstage vor der geplanten Sitzung anzeigen, dass eine Teilnahme unzumutbar ist.

2. Einladung zu einer Telefon- oder Videokonferenz
a. Die Ladung zur Telefon- oder Videokonferenz erfolgt über Outlook bzw. per E-Mail. In der Einladung soll der Vorsitzende den Grund benennen, der den Anlass zu dieser Form der Durchführung bildet.
b. Die Schwerbehindertenvertretung sowie die Jugend- und Auszubildendenvertretung sind entsprechend ihres Rechts auf Teilnahme an der Betriebsratssitzung in gleicher Weise zu laden.

3. Durchführung der Sitzung in Form einer Telefon- oder Videokonferenz
a. Die Sitzung ist nicht öffentlich (§ 30 S. 4 BetrVG).
b. Der Vorsitzende weist nach Eröffnung der Sitzung und vor Eintritt in die Tagesordnung darauf hin, dass alle an der Video- bzw. Telefonkonferenz teilnehmenden Personen sich erforderlichenfalls in einen gesonderten Raum begeben müssen, um sicherzustellen, dass unbefugte Personen (zB Familienangehörige) der Sitzung nicht beiwohnen. Ebenso erfolgt der Hinweis, dass die Anfertigung von Ton- und Filmaufnahmen unzulässig ist und strafrechtlich verfolgt werden kann.
c. Zur Feststellung der Anwesenheit ruft der Vorsitzende sodann jeden Teilnehmer mündlich auf. Der Vorsitzende kann verlangen, dass Mitglieder, die mittels einer Video- oder Telefonkonferenz an einer Sitzung teilnehmen, die Gewährleistung der Vertraulichkeit nachweisen oder glaubhaft machen, beispielsweise mittels eines Kameraschwenks durch die genutzten Räumlichkeiten oder die Versicherung des Mitgliedes, dass die Vertraulichkeit der Sitzung gewährleistet ist. Dabei ist insbesondere im Hinblick auf die betroffenen Persönlichkeitsrechte der gegebenenfalls in ihrer Wohnung oder ihrem Haus teilnehmenden Mitglieder das Gebot der Verhältnismäßigkeit zu wahren.
d. Der Vorsitzende bittet jeden Teilnehmer um eine Teilnahmebestätigung in Textform (bspw. per E-Mail oder durch Bestätigung im Chatprogramm der genutzten technischen Anwendung). Mit dieser Teilnahmebestätigung bestätigen die Teilnehmer auch, dass sich bei der Durchführung der Sitzung keine unberechtigten Dritten im Raum aufhalten. Die Bestätigung ist der Sitzungsniederschrift beizufügen.
e. Sollten nicht teilnahmeberechtigte Personen den (Übertragungs-)Raum betreten, ist der Vorsitzende hierüber unmittelbar zu informieren. Der Vorsitzende hat die Sitzung unverzüglich zu unterbrechen.

4. Beschlussfassung des Betriebsrats im Rahmen einer Videokonferenz, Sitzungsniederschrift
a. Es erfolgen keine Beschlussfassungen im Rahmen einer Telefonkonferenz. Telefonkonferenzen werden im Bedarfsfall nur zur Information und Beratung durchgeführt.
b. Im Rahmen einer Videokonferenz werden keine geheimen Abstimmungen durchgeführt.
c. Der Vorsitzende stellt die Beschlussfähigkeit vor jedem Beschluss erneut fest und vermerkt die Beschlussfähigkeit in der Sitzungsniederschrift. Sodann ruft der Vorsitzende zur Beschlussfassung unter Nennung des zur Abstimmung gestellten Gegenstandes ausdrücklich auf. Der Beschlusstext wird laut vorgelesen. Zur Abstimmung ruft der Vorsitzende schließlich jedes Mitglied namentlich auf und fragt nach seinem Votum. Dies hat sich der Vorsitzende im Sinne von Zustimmung bzw. Ablehnung oder Enthaltung zu notieren. Nachdem alle Mitglieder ihr Votum abgegeben haben, nennt der Vorsitzende laut das Ergebnis der Abstimmung und notiert es in der Sitzungsniederschrift.

§ 11 Niederschrift und Anwesenheitsliste

1. Über jede Betriebsratssitzung ist eine Niederschrift anzufertigen und eine Anwesenheitsliste sowie ggf. die Teilnahmebestätigung/en nach § 10a dieser GO zu führen.

2. Die Niederschrift wird in der Regel von dem Schriftführer des Betriebsrats erstellt, der auch darüber wacht, dass sich die Teilnahmeberechtigten in der Anwesenheitsliste eintragen sowie ggf. die nach § 10a dieser GO Teilnahmebestätigungen eingehen und die Anwesenheitsliste ggf. zzgl. der Teilnamebestätigungen der Sitzungsniederschrift beigefügt wird.
3. Die Niederschrift muss mindestens den Wortlaut der gefassten Beschlüsse sowie deren Stimmenverhältnis angeben. Die Niederschrift ist vom Betriebsratsvorsitzenden, im Falle seiner Verhinderung von seinem Stellvertreter sowie einem weiteren Betriebsratsmitglied zu unterschreiben.
4. Die Niederschrift wird dem Jugendvertreter und dem Vertrauensmann der Schwerbehinderten als Kopie ausgehändigt, sondern diese an der Sitzung teilgenommen haben. Waren die Jugendvertreter oder der Arbeitgeber nicht während der ganzen Sitzung, sondern nur bei einzelnen Tagesordnungspunkten anwesend, so beschränkt sich deren Abschrift auf diese Tagesordnungspunkte.
5. Die Niederschriften werden auf dem ......-Laufwerk hinterlegt.

§ 12 Betriebsversammlung

1. Die Einberufung einer Betriebsversammlung hat aufgrund eines Beschlusses des Betriebsrats durch den Betriebsratsvorsitzenden zu erfolgen. Er hat den Tätigkeitsbericht abzugeben. Den Inhalt des Tätigkeitsberichtes hat er zuvor mit den Betriebsratsmitgliedern abzustimmen.
   Im Übrigen wird auch auf die §§ 42 ff. BetrVG verwiesen.
2. Die Arbeitnehmer des Betriebes sind unter Mitteilung der Tagesordnung durch Bekanntmachung zur Betriebsversammlung einzuladen. Die Tagesordnung wird durch Beschluss des Betriebsrats festgesetzt.
3. Der Betriebsratsvorsitzende leitet die Betriebsversammlung. Ihm steht während der Versammlung das Hausrecht zu.

§ 13 Bekanntmachung

Mitteilungen des Betriebsrats, die sich an die Arbeitnehmer des Unternehmens richten, können an den **Info-Tafeln** der einzelnen Abteilungen und/oder im betrieblichen **Intranet** veröffentlicht bzw. per E-Mail bekanntgegeben werden. Alle elektronischen Veröffentlichungen und Weitergaben sollen grundsätzlich in PDF-Format erfolgen. Für den Inhalt ist nach dem Presserecht der Betriebsratsvorsitzende verantwortlich.

§ 14 Aufbewahrung von Unterlagen

Der Betriebsratsvorsitzende hat dafür zu sorgen, dass alle Unterlagen ordnungsgemäß aufbewahrt werden. Das gilt auch für die Unterlagen des vorhergehenden Betriebsrats. Die Aufbewahrungspflicht richtet sich nach den gesetzlichen Vorschriften.

§ 15 Besetzung des Büros des Betriebsrats

Das Büro des Betriebsrats ist in der Regel während der regelmäßigen wöchentlichen Arbeitszeit montags bis freitags in der Zeit von **7:00** Uhr bis **15:00** Uhr besetzt und es ist nach vorheriger Absprache auch möglich, außerhalb dieser Zeiten Termine zu vereinbaren.